W0052113

OSKAR HODOSI
LICHT TANTRA

TANTRA- UND YOGA-MASSAGE DER YOGIS IM HIMALAYA

Originalausgabe

WILHELM HEYNE VERLAG
MÜNCHEN

HEYNE RATGEBER
08/5078

Für die Mithilfe an diesem Buch danke ich meiner Partnerin Michaela Trpin sowie Andreas Beissmann.
Fotos: Peter Charles Nezval
Grafische Darstellungen: Oskar Hodosi, Jutta Hölzenbein
Die Grafiken sind alte Darstellungen aus dem asiatischen und indischen Bereich.
Darsteller der Fotos: Dr. Peter Macek, Cathrin Beck, Michaela Trpin, Oskar Hodosi, Ziba

Alle Angaben, Anleitungen und Ratschläge in diesem Buch wurden vom Autor und Verlag sorgfältig geprüft. Eine Garantie kann jedoch nicht übernommen werden. Eine Haftung des Autors sowie des Verlags ist deshalb ausgeschlossen.

Umwelthinweis:
Dieses Buch wurde auf chlor- und säurefreiem Papier gedruckt.

Copyright © by Wilhelm Heyne Verlag GmbH & Co. KG, München
Printed in Germany 1996
Umschlaggestaltung: Atelier Adolf Bachmann, Reischach
Umschlag- und Innenfotos: Peter Nezval, Wien
Satz: Layer, Ostfildern
Druck und Verarbeitung: RMO-Druck, München

ISBN 3–453–11000–5

Inhalt

Einführung

Was ist Licht-Tantra und wodurch unterscheidet es sich von Tantra?

In unseren Breitengraden bringt man Tantra ausschließlich mit Sexualität in Verbindung. Bei meinen Talk-Shows im deutschen Fernsehen fragen mich die Moderatoren immer wieder, welcher Unterschied zwischen der normalen und der Sexualität im Tantra bestehe, aber keiner von ihnen gebraucht dabei das Wort ›Liebe‹.

Der Unterschied zwischen normaler Sexualität und Tantra

Im Westen sagt man: »Ich liebe dich, daher habe ich Lust auf dich.« In Asien bis hin zu den polynesischen Inseln meint man hingegen: »Ich habe Lust auf dich, deshalb liebe ich dich.«

Diese unterschiedliche Anschauung beweist, daß wir im Westen Sexualität nicht immer in Verbindung mit Liebe bringen. Normalerweise baut sich über die Sexualität Energie auf, über welche die Sinne und Empfindungen einerseits angeregt, aber auch sensibilisiert werden. Es ist eine Art von Trancezustand, der sich zu einem lustvollen Höhepunkt aufbaut und danach in Entspannung und sexueller Befriedigung entlädt. Das Unbefriedigende dabei ist, daß man sich danach kraft- und energielos fühlt. Dies trifft besonders beim Mann zu. Die Frau hingegen leidet oft unter dem zu rasch und abrupt endenden Sexualakt und sehnt sich meistens nach mehr zärtlichen Streicheleinheiten. Trotzdem bleibt die sexuelle Vereinigung das beglückendste Erlebnis für Mann und Frau. Die Erinnerung an das dabei erlebte seelische Hochgefühl entfacht die Sehnsucht, es in einer gesteigerten Form wieder erleben zu dürfen. Licht-Tantra erfüllt diesen Wunsch und geht sogar

Licht-Tantra bewirkt seelisches Hochgefühl und steigert über das sexuelle Energiepotential die geistige Kapazität

noch einen Schritt weiter. Es zeigt, wie man über das gesteigerte sexuelle Energiepotential die geistige Kapazität entwickeln kann.

Jeder von uns möchte sich doch bewußtseinsmäßig weiterentwickeln. Manche bleiben aber sexuell in der pubertären Phase stecken, weil sie hauptsächlich ihr Lustempfinden abreagieren wollen. Licht-Tantra führt dazu, über die Sexualität zur Liebe zu finden – oder umgekehrt. Es gibt kaum einen Begriff, zu dem so viele Menschen ein derart gestörtes Verhältnis haben, wie zu ›Liebe‹. Entweder zieht man sie ins Lächerliche, oder man setzt an ihre Stelle die Begriffe Verständnis, Sympathie oder Harmonie. »Liebe ist Liebe – nicht mehr und nicht weniger.« Läßt man alle möglichen verbalen Verrenkungen beiseite, dann spürt man Liebe in seiner ganzen Intensität. Liebe heißt Einheit, sie schließt alles mit ein. Die Einheit ist stärker als jegliche Trennung. Das heißt, Liebe ist die stärkste Macht im Kosmos, sie kennt keine Grenzen. Es gibt kein Problem auf der Welt, egal ob es ein privates oder weltweites ist, das nicht durch die Liebe gelöst werden kann. Liebe führt zu Bewußtseinserweiterung und dadurch zu einem noch unerkannten geistigen Potential. Daher schließt Liebe auch die Sexualität mit ein.

Dieses Wissen wurde von den elitären Schichten aller großen Kulturen strengstens geheimgehalten, denn dieses Wissen bedeutete ungeahnte Macht.

Licht-Tantra führt über die Sexualität zur Liebe

Liebe führt zu Bewußtseinserweiterung und einem noch unerkannten geistigen Potential

Liebe und Sexualität sind eine göttliche Botschaft

Im Licht-Tantra ist die Liebe die kosmische Achse, um die sich alles, die ganze Schöpfung einschließlich des Menschen dreht. Es erhebt die Liebe und Sexualität zur göttlichen Botschaft und trennt sie nicht, wie alle große Religionen es hervorheben, voneinander. Licht-Tantra geht sogar noch einen wesentlichen Schritt weiter, indem es die Weiterentwicklung in der Spiritualität von der positiven offe-

Liebe ist die kosmische Achse, um die sich alles dreht

Eine positiv offene
Sexualität ist
der wahre Weg zu
Spiritualität

Die Herleitung
der Lehre des
Tantra

nen Einstellung zur Sexualität abhängig macht. Alle heutigen großen Religionen einschließlich ihrer Priester haben damit aber gewaltige Probleme. Zwar wollen sie den Menschen den wahren Weg zur Spiritualität und Gottesfindung zeigen, sind aber selbst sehr weit entfernt davon. Glücklicherweise trifft dies aber nicht auf alle zu. Eingeweihte wissen, daß die Lehre des Tantra in Indien im Hinduismus, in Südostasien und China im Buddhismus und dem Tao eingebunden ist. Dabei streitet man sich darüber, ob das hinduistische oder buddhistische Tantra zuerst da war, oder ob es sich nicht vielleicht aus dem Tao in China entwickelt hat. Auch darüber, ob die sexuelle Vereinigung körperlich oder nur als Symbolcharakter gelten soll, gibt es unterschiedliche Ansichten. Deshalb teilen Tantra-Experten die Lehre in den Linken und Rechten Pfad im Hinduismus oder in das Schwarze, Rote und Weiße Tantra im Buddhismus ein. Manche leiten das Tantra auch von alten Fruchtbarkeitskulten, von matriarchalisch bestimmten Gesellschaftsformen oder vom Schamanismus ab.

Der Unterschied
zwischen Licht-
Tantra und Tantra

Licht-Tantra unterscheidet sich von Tantra dadurch, daß Liebe und nicht allein Sexualität die wesentlichste Erkenntnis ist. Nicht nur in Indien, China und im alten Ägypten wurde Licht-Tantra praktiziert, auch in den alten süd- und nordamerikanischen Kulturen wurde es gelehrt.

Wo die eigentliche Urheimat der Lehre des Licht-Tantra war und wie sie entstand, darüber erfahren Sie nun alles. Vergessen Sie aber nicht, daß Licht-Tantra auch mit Ihrem Leben zu tun hat, daß es besonders gut in unsere heutige Zeit paßt. Es hilft Ihnen, sich von der Erbsünde oder vom Karma, vom erhobenen drohenden Zeigefinger von Geboten und Verboten zu lösen. Nicht von ungefähr ist die Bestrafung durch die Hölle ein bis heute wirksames Instrument der Religionen geblieben. Im Licht-Tantra gibt es dies glücklicherweise nicht.

Licht-Tantra ist der Weg zur ganzheitlichen, energetischen Erfahrung. Es bringt Licht in Ihre eigene Wahrheit. Dadurch finden Sie zu Ihrem Lichtwesen. Licht verbindet als Energie alles mit allem. Das Wort Tantra heißt ›der subtile Faden‹, der sich durch alles hindurchzieht und die kosmische Schöpfung mit den Menschen zu einem Stück verwebt.

Der Weg zur ganzheitlichen, energetischen Erfahrung

Die Botschaft des Licht-Tantra ist, daß Sie über die Übungen im Buch zu einer erfüllten Sexualität, neuen geistigen Fähigkeiten, Gesundheit und zu Ihrem Lichtwesen finden. Für Leser, die keinen Partner haben, sind Übungen angegeben, die man alleine durchführen kann, um zum gleichen Ziel zu finden. Bestimmte Übungsabfolgen sind dazu da, sich zum Beispiel Kopfschmerzen oder Probleme mit inneren Organen bewußter zu machen. Mitunter führen sie zur Linderung oder sogar Heilung. Im Licht-Tantra sind der Körper, die Seele und der Geist eine Einheit. Das Buch und die Übungen führen Sie zu dieser Erkenntnis und der persönlichen Erfahrung damit.

Die Botschaft des Licht-Tantra

Zwei große Meister führten mich in die Lehre des Licht-Tantra ein. Sie erzählten mir über den Ursprung und die Heimat des Licht-Tantra und gewährten mir Einblicke in alte Dokumente. Darüber möchte ich berichten und Ihnen dabei den Weg zu Ihrem eigenen Lichtwesen zeigen.

Es ist Zeit, sich von den Geboten und Verboten zu befreien, denn das Paradies ist hier auf Erden. Licht-Tantra meint: »Was nicht hier ist, ist nirgendwo.« Deshalb sollte man jetzt und hier damit beginnen!

Der Schamane

I. Kapitel

Auf der Zeitspur des Licht-Tantra

Schamanen
und Lichtwesen

Über die Schutzgeister im Schamanismus zu den Lichtwesen im Licht-Tantra

Die Fähigkeiten eines Schamanen

Was verbindet Licht-Tantra mit dem Schamanismus? Der Schamanismus geht auf das geheime Relikt des Ur-Glaubens zurück. Das Wort Schamane stammt vom Sanskritwort *Sramane* beziehungsweise dem tungusischen Wort *Samana* ab. Es bedeutet soviel wie »ein von den Geistern beeinflußter Mensch«. Es gibt männliche und weibliche Schamanen. Sie können dank ihrer außergewöhnlichen Erfahrungen in die Welt der Geister und der oberen Mächte eindringen. Dort erhalten sie Rat für Heilungen oder erkunden verborgene Absichten der Götter. Die Berge sind ihre stillen Wohnsitze, die Tiere und Pflanzen ihre Helfer und Verbündeten. In Schamanen verbergen sich potentielle energetische Heilkräfte sowie die Fähigkeit, sich wie Geister verhalten zu können. Dies zeigt sich dadurch, indem sie Gedanken lesen, die Zukunft vorhersagen oder sich sogar in jede beliebige Gestalt verwandeln können. Krankheit, Verletzungen oder Tod sind für sie keine Zufälle. Sie wissen, daß das eigene unbewußte Wollen und die damit verbundenen negativen Gedanken diese leidvollen Ereignisse herbeiführen. Den Willen zur Befreiung davon erhält man durch den Schamanen. Indem der Schamane an sich spirituell arbeitet, gewinnt er die dazu nötige energetische Macht.

Im Schamanismus heißt es: »Die Macht des Willens wirkt von einer ›Lücke‹ aus.« Diese Lücke befindet sich in der Nähe des Nabels und weitet sich in dem Maße, indem man sich weiterentwickelt und zum Wohl seiner Mitmenschen wirkt. Dadurch lädt man sich mit Energie und spiritueller Kraft auf. Diese energetische Kraft tritt in der Höhe des Nabels aus der ›Lücke‹ als ›leuchtender Energiestrahl‹ aus. Beim gewöhnlichen Menschen ist er nicht vorhanden. Beim Schamanen aber ist dieser Energiestrahl aktiv und verbindet ihn mit dem unsichtbaren Kraftfeld der Natur und des Kosmos. Er macht die Erfahrung, daß die wahrnehmbare Realität der Welt dem Ausdruck eines in sich verflochtenen geistigen Kraftfelds entspricht. Nichts ist voneinander getrennt und wirkt für sich alleine, ist die Erkenntnis des Schamanen oder der Schamanin. Dazu verhelfen ihnen übernatürliche Verbündete, die »Nagual« genannten Schutzgeister.

Die energetische Kraft verbindet den Schamanen mit dem unsichtbaren Kraftfeld der Natur und des Kosmos

Naguals, übernatürliche Schutzgeister, sind Helfer der Schamanen

Im Schamanismus gibt es drei Arten von Geistwesen: Solche, die wie Schatten vorbeihuschen und weder etwas geben noch etwas nehmen, weil sie nichts besitzen. Sie entsprechen den Gedanken, Wünschen, Vorstellungen und Konfliktsituationen, mit denen man nichts zu tun haben will. Man verdrängt sie und kann dadurch nichts für sich gewinnen.

Dann gibt es Geistwesen, die Spaß daran haben, Menschen zu erschrecken und sie manchmal in ihre unergründlichen Welten verschleppen. Diese zweite Art der Geistwesen hat mit der Schattenseite des menschlichen Wesens zu tun. Entweder erschrickt man vor den scheinbar negativen oder unangenehmen Seiten seiner Persönlichkeit, oder man läßt sich von ihnen total beherrschen.

Die verschiedenen Arten von Geistwesen

Schließlich gibt es die Verbündeten. Nur Auser-
wählten oder Schamanen gelingt es mit diesen Geistern oder höheren Mächten in Verbindung zu treten. Man muß sie an fast unzugänglichen Orten
suchen, um sie zu finden. Dort kann der Schamane
sie als Krieger in einem erbitterten Kampf besiegen.
Dies ist nicht leicht, weil sie in den schrecklichsten
Erscheinungsformen auftreten. Sie zeigen sich häu-
fig in Tiergestalten, die sich auch in Menschenwesen
verwandeln können. Besiegt der Schamane diese
Wesen, indem er keine Angst vor ihnen zeigt, werden sie zu seinen Verbündeten und Schutzgeistern.

Dies verdeutlicht folgendes: Läßt man seine Schattenseite in dem Maße zu, daß man davon lernen
und etwas annehmen kann, schmilzt der Zwiespalt
und die Einheit wird hergestellt. Dadurch gewinnt
man ein ungeahntes Energiepotential und findet zu
sich selbst. Man wird zum Schamanen oder zur
Schamanin.

Jeder Schamane hat zumindestens einen Schutzgeist.

Lichtwesen Im Licht-Tantra nennt man den Schutzgeist das
sind ›Lichtwesen‹. Dieses ist nicht etwas Fremdes, daß
die Schutzgeister man besiegen muß, sondern ein wesentlicher Teil
und Führer von uns selbst. Über die Konfrontation mit uns
des Menschen selbst lernen wir es kennen. Vertraut man sich ihm
an, dann zeigt es sich einem in seiner ganzen zauberhaften Fülle. Als Lichtwesen führt es einen über
den Weg des Licht-Tantra zum Ziel. Dort angelangt,
verschmelzen Mensch und Lichtwesen zu folgender
Erkenntnis:

Der Mensch ist ein Teil vom Ganzen, und das
Ganze ist ein Teil vom Menschen. Mann und Frau
sind gleichwertig und vervollkommnen sich über
die Liebe und Sexualität. Sie gehören als Dualseelen
zusammen, wobei Licht-Tantra die Frau als spiritu-

elle Führerin des Mannes besonders hervorhebt.
Außerdem heißt es im Licht-Tantra: »Jeder Mensch
ist unsterblich und göttlich.«

Vom Dunkel zum Licht – Schöpfungsmythen

Davon erzählen übrigens schon die Schöpfungsge- *Die*
schichten verschiedenster Völker wie zum Beispiel *Schöpfungsgeschichte*
die der Aborigines, der australischen Ureinwohner, *der australischen*
die schon mehr als fünfzigtausend Jahre auf dem *Aborigines*
Kontinent leben. Ihre Geschichte beginnt mit den
Worten:
    Es geschah bereits vor unvorstellbar langer Zeit.
Seit damals sehnt sich der Mensch tief im Herzen
nach dem Verlorenen. Ist es die längst vergessene
Heimat als gesuchtes Paradies?
    Irgendwann geschah es einmal, daß über endlo-
se Zeiten die schreckliche Stille alles tödlich durch-
drang. Mitten im Dunklen ruhte die Erde; kalt und
leblos war ihr Boden, der die Hügel trug und die
Gipfel der Berge, die in die Finsternis ragten. Hügel
und Täler, Ebenen, tiefe Spalten und eisige Höhlen
trug das Antlitz der Erde. Im Finsteren der Höhlen
ruhten alle Gestalten und Formen ohne Bewußtsein
und wußten nicht, was sie umgab.
    In dieser stillen Finsternis ruhte verborgen das
Wesen des all durchdringenden Geistes. Als ob es
den Willen aller Geschöpfe erahnte, erwachte es
und brachte allen Geschöpfen und Formen durch
die Kraft seines Lichts und der Liebe das Leben. Es
erweckte die Gräser und Kräuter, die Blumen und
Sträucher und schließlich die mächtigen Bäume. In-
sekten und Fische, Reptilien, Vögel und Säugetiere
brachte es aus sich hervor. Es durchatmete als Wind
die Erde und als lebensgebender Hauch alle Wesen,
so daß alles in Liebe erglühte. Aus ihrer Fülle ent-

sprang immerwährende Fülle und neues Leben. Als
Licht des Mondes erstrahlt es in der Nacht und als
Sonne am Tag.

Damals aber war die Bewußtheit des Menschen
noch dämmrig wie der Übergang der Nacht zum
Tag. Erst viel später wurde er seiner selbst bewußt
und er erschuf das Wort ›Gott‹ …

Lichtwesen von anderen Galaxien

Wodurch erfuhr der Mensch seine geistige Größe,
und wie gelangten die damaligen Menschen zu dem
kosmischen Wissen ihrer Schöpfungsgeschichte, die
auf allen Kontinenten und in allen Kulturen einander gleichen? Welche überirdische Poesie drückte
sich dadurch aus? Geschah es durch einen Jahrmillionen andauernden Entwicklungsprozeß, der den
Menschen zu dieser geistigen Reife entflammen
ließ?

Alte Legenden
über Lichtwesen

Vielleicht aber waren auch übernatürliche,
außerplanetarische Kräfte im Spiel? Wie kommt es
sonst, daß die verschiedensten Völker und Kulturen
in allen Teilen der Welt überraschendes in ihren uralten Legenden berichten: »Lichtwesen von weit
entfernten Sternen besuchten in Himmelsschiffen
vor langer Zeit die Erde.«

Herkunft und
Beschaffenheit der
Lichtwesen

Manche dieser Kulturen behaupten sogar, von
diesen Lichtwesen abzustammen und tief in ihrem
Herzen das kosmische Wissen ihrer außergalaktischen Ahnen zu tragen. In heiligen Tänzen und Ritualen öffnet sich dieser verborgene Schatz in ihnen
und vereint sie mit dem Geist der Lichtwesen. Sie
beschreiben sie als von großer, schlanker Gestalt,
die nicht dem Altern unterworfen sind und über
enorme, unvorstellbare Fähigkeiten und Heilungs-
künste verfügen. Seit Jahrzehntausenden begleiten

sie den Menschen in seinen Träumen, wo Raum und
Zeit sich auflösen und sie ihm in seiner Entwicklung
weiterhelfen.

Das Wissen der Dogon

Hinweise darauf sind von den heutigen Wissenschaftlern stets fehlinterpretiert oder völlig igno-
riert worden. Als Beispiel dafür gilt der Stamm der
Dogon im afrikanischen Mali. Die Dogon besitzen
seit über siebenhundert Jahren ein Wissen, das sie *Siebenhundert*
eigentlich gar nicht haben dürfen und das unsere *Jahre altes,*
Wissenschaft, dank der Satellitentechnik, erst seit *verblüffend exaktes*
zwanzig Jahren hat. Sie kennen den Stern Sirius *Wissen*
ganz genau, der als hellster Stern des Himmels unterhalb des Oriongürtels steht. Auch unsere Wissenschaftler kennen und kannten schon früh diesen
Stern, doch behaupteten die Dogon, daß es noch einen weiteren kleinen Stern gäbe, der den Sirius umkreist. Es sei ein alter Stern, der aus der dichtesten
Materie des Universums bestehe und den Sirius in
fünfzig Jahren einmal umkreise. Die Ethnographen
hielten jahrelang das Ganze für einen Mythos der
Dogon, weil dieser Stern mit Hilfe unserer Telesko-
pe damals nicht auszumachen war. Als 1970 ein Te-
leskop ins All geschossen wurde, entdeckte man einen sehr alten Weißen Zwergstern, der den Sirius in
50,1 Jahren einmal umkreist und mit seinen 55 kg
pro Kubikzentimeter unglaublich schwer ist. Er ist
dem Stern des Dogon-Mythos verblüffend ähnlich,
und man fragte den Stamm, woher er dieses Wissen
habe. Seine Ältesten berichteten von der Landung
eines Ufo vor vielen Jahrhunderten und vom Kontakt zu seinen außerirdischen Insassen. Diese teilten
den Dogon mit, daß sie vom Sirius stammen würden, und erzählten ihnen von ihrem Heimatplane-

ten. Von ihnen erfuhren die Dogon vieles über andere Planeten und die verschiedenen Monde unseres Sonnensystems. Sie erfuhren auch die genauen Positionen des Sirius und des Weißen Zwergsterns. Die Wissenschaftler, die die beiden Sterne als Sirius A und Sirius B bezeichnen, fragen sich bis heute, woher die Dogon diese verblüffend spezifischen Informationen haben.

Außergalaktische Lichtwesen zu Besuch auf der Erde

Auch andere Völker verehren bis heute in ihren Mythen die außergalaktischen Besuche von Lichtwesen. Es gibt eine Reihe von Funden, die die Glaubwürdigkeit dieser alten Mythen bestärken.

In Obervolta fand man vor Jahren das Skelett eines riesenwüchsigen Menschen. Fachleute schätzen es auf eine Million Jahre. Eine chinesisch-russische Expedition von Wissenschaftlern entdeckte in der Wüste Gobi einen Stein mit den tiefen Rillen eines Schuhabdrucks. Er lag seit Jahrmillionen unter dem Sand begraben. Sturzhelmartige Kopfbedeckungen auf Steinreliefs, Tonfiguren und Rollsiegel aus Mesopotamien und dem vorderen Orient erinnern an jene Wesen von einer anderen Galaxie. Im mexikanischen Palenque, der zweitausend Jahre alten Ruinenstadt am Rande des Regenwaldes auf der Halbinsel Yukatán gelegen, fand man einen jahrtausendealten Stein mit einer geheimnisvoll aussehenden Darstellung: Ein menschenähnliches Wesen mit einem Raumhelm steuert eine Rakete. Das außerirdische Fahrzeug war als ›Stahlschlange‹ bezeichnet.

Himmelsschiffe im Land Sumer

Die Sumerer und Ägypter scheinen ohne Evolution aus dem Nichts aufgetaucht zu sein, sie entwickelten ihre Keilschrift bzw. Hieroglyphen von heute auf morgen in vollendeter Form und besaßen für die damalige Zeit ein unglaubliches Wissen. Woher kam und stammte ihr Wissen?

Archäologen fanden in den Ruinen sumerischer Städte Steintafeln, welche die Konstellation der Planeten unseres Sonnensystems korrekt darstellen. Eine Tafel zeigt sogar die genaue Entfernung der einzelnen Planeten zueinander. Sie hatten ein heliozentrisches Weltbild, in dem sich die Planeten um ihren Fixstern, die Sonne, drehten und wußten, daß die Erde rund war. Auch hier fragen sich die Wissenschaftler, woher die Sumerer das Wissen hatten.

Die Sumerer hatten ein enormes Wissen über unser Sonnensystem

Die Antwort darauf findet man auf Steintafeln und in den Inschriften der Sumerer in ihren Mythen. Demnach waren die ersten Ansiedler, welche die Erde kolonisierten, Astronauten von einem anderen Stern. 432 000 Jahre vor der Sintflut landete Din-Gir als Befehlshaber seiner Himmelsschiffe auf der Erde. Die außerirdischen Insassen hießen Annunaki. Annunaki heißt auf akkadisch: »Die fünfzig, die vom Himmel auf Erden kamen.« Sie koppelten ihre Fähre vom Raumschiff ab und ließen sich in Südmesopotamien nieder. Von den Menschen, die zu jener Zeit dort lebten, wurden sie als ›Himmelsprinzen‹ verehrt.

Der sumerische Mythos über die Besiedelung der Erde und die Gründung des zukünftigen Herrschegeschlechts der Sumerer

Später folgten mit anderen Raumschiffen weitere sechshundert Astronauten nach. Ihr zukünftiges Land nannten sie Ki-En-Gir, was so viel wie ›Land des Herrn der Raketen‹ heißt. Das akkadische Wort dafür heißt ›Schumer‹ und bedeutet ›Land der Wächter‹. Ihre Raumschiffe umkreisten mit weiteren Astronauten an Bord die Erde. Sie brachten den damaligen Menschen die Zivilisation und das Wissen. Einige von ihnen blieben und gründeten das zukünftige Herrschergeschlecht der Sumerer. Die anderen kehrten nach einiger Zeit zu ihren Raumschiffen und ihrem Heimatplaneten zurück. In den folgenden Jahrtausenden besuchten sie in regelmäßigen Abständen den Planeten Erde und ihr Land Sumer. Alle sumerischen Texte, die vom Ausgangspunkt des Heimatplaneten ihrer Götterahnen oder Lichtwesen berichten, lauten gleich.

So berichteten die alten Sumerer weiter, daß ihre Stadt Ur nach dem Zeichen des Pentagramms benannt war und ›Arra‹ hieß. Die drei ältesten Symbole im Licht-Tantra heißen ›Arra‹, ›Agga‹ und ›Bandar‹. Es sind die geheimnisvollen Siegel jener

Die drei ältesten Symbole: Arra, Agga und Bandar

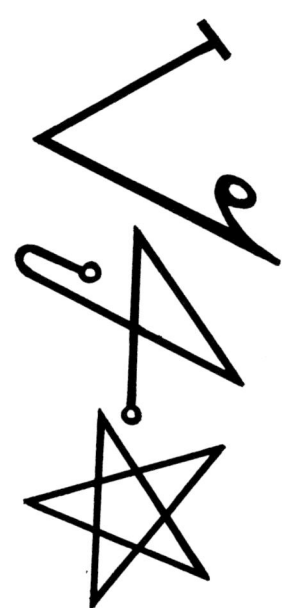

außerplanetarischen Lichtwesen. Über diese kann man mit jenen astralen Wesen wieder in Verbindung treten. Sie sind bis heute in einem grauen Stein eingemeißelt geblieben.

Abkömmline der Urrasse des Planeten Sirius

Die Sumerer betrachteten sich selbst als die Abkömmlinge jener Urrasse, die wieder in ihre Heimat jenseits unserer Galaxie zurückkehrten. Das zurückgelassene Symbol des Pentagramms und der beiden anderen Siegel blieb für sie als Verbindungstor zu jenen Wesen. Sie bezeichneten sie liebevoll als ihre Götter.

Auch andere hochstehende Zivilisationen interpretierten ihre Symbole als heilige Zeichen, mit denen sie Kontakt zu ihren Göttern aufnehmen konnten. Wie ihre Mythen behaupteten, schenkten Menschen und Götter sich in jener Urzeit ein Abkommen, einander nie zu vergessen. Einst hatten sie es geschworen, und bis heute hat es der Mensch in der Vielfalt der Esoterik und den verschiedensten Religionen wachgehalten.

Symbole sind heilige Zeichen für den Kontakt zu den Göttern

Mag es Fantasie oder Realität sein, es spielt keine Rolle. Seit es den Menschen gibt, sehnt er sich nach Antwort auf die Fragen, woher er kommt und wohin er geht.

Die Botschaft dazu kam von außergalaktischen Lichtwesen. Sie unterschieden nicht zwischen Gut und Böse, denn alles stammt von Gott. Die Lehre des Licht-Tantra geht auf ihr Wissen zurück. In ihr zeigen sich das Göttliche und das Paradies hier im Leben. Liebe und Sexualität trennte sie nicht voneinander, denn dadurch erst erfahren alle Wesen den Garten Eden hier auf Erden.

Die Botschaft der außergalaktischen Lichtwesen

Durch diese Einstellung war der menschliche Geist noch nicht in Trennendes gespalten, und das Herz war für das Leben als göttliche Erfahrung noch offen. Die Botschaften des Licht-Tantra haben gerade in unserer heutigen Zeit ihre Bedeutung, da der Mensch die Wissenschaft von der Religion trennt.

Die Bedeutung der Botschaften des Licht-Tantra

Im Menschen gibt es eine rationale und irrationale Seite. Die heutigen Wissenschaften betonen mehr das Rationale und die heutigen Religionen das Irrationale. Die Ratio sucht das Wissen in der äußeren Welt. Je stärker jemand auf das Rationale pocht,

Die unterschiedlichen Tendenzen der Wissenschaften und Religionen

desto weniger vertraut er sich selbst und dem Wissen, das aus seinem Inneren kommt. Die heutigen Religionen schränken wiederum das Irrationale in Verbote und Gebote ein und sehen die äußere Welt als Trugbild des Bösen, daß einen zur Sünde verleitet. Wissenschaft und Religion können keine wirklich befriedigende Antwort auf die existentiellen Fragen des Menschen geben, denn sie trennen, symbolisch betrachtet, den Kopf vom Herzen, das Denken vom Fühlen – und umgekehrt. Licht-Tantra versucht beides wieder in ein harmonisches Zusammenspiel zu bringen.

Die heutige Esoterik läßt die alten Mythen wieder aufleben

Durch die heutige Esoterik leben wieder die alten Mythen jener urgeschichtlichen Zivilisationen auf, die von außerplanetarischen Lichtwesen, dem sagenhaften Kontinent Lemurien und von Atlantis berichten. Nicht nur die heutige Esoterik sprach diesen Zivilisationen eine wesentlich höhere Kulturstufe als der unseren zu. Auch die Esoterik der Antike schätzte diese beiden Zivilisationen äußerst hoch ein. Sie gingen aber durch eine gewaltige Naturkatastrophe um ca. 12 000 v. Chr. unter. Die biblische Sintflut, die in allen antiken Kulturen vorkommt, berichtet davon.

Die Botschaft des Steinquaders in der Maya-Stadt Chichen Itza

Man hat in der alten Maya-Stadt Chichen Itza auf der Halbinsel Yukatán in Mexiko einen Steinquader gefunden. Darauf steht die schreckliche Botschaft von zwei furchtbaren Erdbeben und Sintfluten geschrieben. Diese zerstörten die Maya-Kultur in Mittelamerika und dem heutigen Mexiko, lange vor der heute bekannten Maya-Kultur aus dem letzten Jahrtausend. Riesige Gebiete von Ländereien und mächtige Städte versanken dabei in den Tiefen des Meeres. Erst 8000 Jahre später entstand im heutigen Mexiko diese Kultur aufs neue. Zusätzlich steht auf dem geheimnisvollen Steinquader geschrieben, daß die Länder des Westens – der Kontinent Lemurien –

davon derart erschüttert wurde, daß er im Pazifik verschwand. Atlantis, das im Osten lag, blieb davon vorerst verschont, erlitt aber das gleiche Schicksal bei der zweiten Sintflut. Dadurch versanken aber auch die kulturellen Einflußgebiete dieser beiden ersten großen Zivilisationen und die Menschheit wurde für die nächsten Jahrtausende in ihrer Entwicklung zurückgeworfen.

In dieser Ära, die nicht primitiver, aber anders war, entwickelte sich aus der allumfassenden Lehre des Licht-Tantra der Schamanismus und noch später die verschiedensten Religionen. Nur in manchen Gebieten wie in Ägypten, auf Kreta, in Indien oder in Mittel- und Südamerika erholte sich die Zivilisation, und das Licht-Tantra blieb dort teilweise erhalten. Eine wahre Wiedergeburt erlebte es in den späteren Jahrtausenden.

Außerplanetarische Reisen und geheimnisvolle Diagramme

Bis in unsere heutige Zeit bewahrten die uralten Hindu-Schriften das Wissen über die Kosmologie im Licht-Tantra auf. Den Beginn der Hindukultur setzte man auf etwa 1000 v. Chr. an und meinte, das sich diese Zivilisation um den Indus, dem heiligen Fluß der Inder, ansiedelte. Dem ist aber nicht so. Erst kürzlich wurde durch Satellitenaufnahmen bestätigt, daß das Zentrum der antiken Hindukultur nicht der Indus, sondern ein anderer, um 2000 v. Chr. ausgetrockneter Fluß war, der in den heiligen Schriften der Hindus, den Vedas, als ›Sarasvati‹ bezeichnet wurde. Demzufolge sind nicht nur die altindische Hochkultur, sondern auch die Vedas weitaus älter, als von westlichen Wissenschaftlern bisher vermutet. Die Entstehung

Die altindische Hochkultur ist weitaus älter als bisher vermutet

dieser Vedas, welche die Botschaten des Licht-Tantras beinhalten, wird nun auf mindestens 3500 v. Chr. angesetzt.

Lassen Sie mich mit dem, was meine Meister mir darüber erzählten, fortfahren:

In den alten hinduistischen Schriften steht geschrieben, daß die Hindus schon vor langer Zeit wußten, daß die Monde um ihre Planeten kreisen, die Planeten sich um ihre eigene Achse drehen und mitsamt ihren Monden um die Sonne kreisen. Die Sonne sich wiederum einen Stern als Pol wählt und diesen samt ihrer Planeten und Monde in 25 000 Erdjahren umkreist. Dies entspricht dem galaktischen Zentrum, welches der Sitz der kosmischen Kraft ist (S. 196). Die alten Inder nannten es ›Brahma‹. Von hier strahlt die allumfassende harmonisierende Energie als Anziehung, aber auch Abstoßung aus. Woher hatten sie dieses gigantische Wissen? In den alten Hindu-Schriften finden sich Beschreibungen von Reisen der Menschen zum Mond, zur Sonne und zu anderen Sternen. Ihr Raumschiff aber war der Geist. Mit seiner Hilfe konnten Eingeweihte in kurzer Zeit zu jedem Punkt des Universums und darüber hinaus sogar zum ›Großen Zentrum‹, um das sich alles dreht, fliegen. In einer der heiligen Schriften, der ›Srimad Bhagavatum‹, gibt es eine Geschichte, die sogar den Unterschied des Zeitbewußtseins illustriert.

Mit Hilfe des Geistes konnten Eingeweihte in kurzer Zeit zu jedem Punkt des Universums reisen

Einmal nahm ein großer König seine Tochter auf die außergalaktische geistige Reise zum ›Großen Zentrum‹, dem Sitz der schöpferischen Kraft (Brahma), mit, um für sie einen guten Ehegatten zu erkunden. Nachdem er dort angekommen und sich zu Gott Brahma begeben hatte, sagte dieser ihm folgendes: »O König, erschrick nicht, wenn du auf die Erde zurückkehrst. Du wirst keinen deiner Freunde oder Verwandten, nicht einmal deine Städte und Paläste vorfinden. Zwar bist du erst vor einer Minute von der Erde hier angekommen, doch für die Menschen der Erde sind diese wenigen Augenblicke gleich mehreren tausend Jahren. Kehrst du jetzt sofort zur Erde zurück, wird dort ein anderes Zeitalter herrschen. Du wirst ›Gott Krishnas Bruder Rama‹ finden. Er ist der geeignete Gatte für deine Tochter.«

Als beide auf die Erde zurückkehrten, hatte ihre Reise zu dem Zentrum Brahmas zwei Minuten gedauert, die Welt aber auf der Erde war völlig verändert. So wurde seine Tochter, die in einem längst vergangenen Zeitalter geboren wurde, nach einigen tausend Jahren mit Rama verheiratet. Während der kurzen Reise waren auf der Erde mehrere tausend Jahre vergangen.

Wie die Geschichte zeigt, wußten die alten Hindus schon damals von einer Zeitverschiebung – die übrigens der Einsteinschen Relativitätstheorie sehr nahe kommt. Sie beweist aber auch ihre Fähigkeit, mit der Kraft des Geistes zu den Sternen reisen zu können – ohne Hilfe eines physikalischen Transportmittels. Wahrscheinlich stammt ihr Wissen darüber von jenen Lichtwesen, welche sogar die Materie in Energie als Licht umpolen konnten.

Die alten Hindus wußten bereits von der Zeitverschiebung im Universum

Heutige Wissenschaftler planen, Raketen in der Größe einer Goldmünze, ausgestattet mit Beobachtungs- und Kommunikationsanlagen zur Erde, auf ein Zehntel der Lichtgeschwindigkeit anzutreiben. Raketen, mit dem Menschen als beobachtendem Insassen wären zu schwer, um die nötige Geschwindigkeit zu erreichen. Da die Schubgeschwindigkeit vom Verlassen der Erdatmosphäre in den Weltraum konstant verläuft, könnten Laserkanonen mit gezieltem Beschuß von der Erde diese

Reisen in entfernte Galaxien mit Raketen sind beim heutigen Stand der Wissenschaft und Technik nicht möglich

kleinen Raketen zu erhöhten Geschwindigkeiten antreiben. Der Beschuß würde aber die herstellbare Gesamtenergie unserer Zivilisation auf Erden verbrauchen und dadurch aktivierte Geschwindigkeit wäre immer noch zu gering, um entfernte Galaxien außerhalb unserer Milchstraße im Laufe von einigen hundert oder tausend Jahren zu besuchen. Auch würden die zurückgefunkten Botschaften von der Rakete unvorstellbar lange Zeit benötigen, bis sie den Menschen auf der Erde erreichen. Das Problem ist daher von unserer heutigen Wissenschaft und Technik nicht lösbar.

Der Geist ist durch keine Geschwindigkeit begrenzt

Die alten Hindus aber kannten vor Tausenden von Jahren bereits die Lösung. Der Geist ist durch keine Geschwindigkeit begrenzt, denn er ist reine Energie. Er kann weit entfernte Galaxien in Bruchteilen eines Moments erreichen, denn Raum und Zeit sind nur Schöpfungen des Geistes. Durch die Schubkraft des Geistes wird jedes Wesen, einschließlich des Menschen, vom jenseitigen Unerklärlichen auf diese Erdenwelt manövriert. Stirbt der Mensch, dann kehrt sein energetisches Wesen oder seine Seele wieder dorthin zurück, woher sie einst gekommen sind. Die Entfernungen dorthin sind unermeßlich und kaum vorstellbar, geschweige denn meßbar.

Die Schubkraft des Geistes maövriert den Menschen auf die Erde

Wie leicht ist es aber für den menschlichen Geist, sehr weit entfernte Galaxien in Bruchteilen von Sekunden zu erreichen. Das Kraftpotential dazu erhält der Geist über das Licht-Tantra. Der Geist des Menschen kann auch die Materie durchdringen und wie durch ein Mikroskop zu dem kleinsten Partikel der materiellen Substanz vordringen. Er kann sich auch weit in die Vergangenheit oder Zukunft begeben, denn er ist durch nichts eingeschränkt.

Der Geist kann sich in die Vergangenheit und Zukunft begeben

Die alten Hindus wußten über das Licht-Tantra, daß der menschliche Organismus einem Mikrokosmos mit unendlich sich ausdehnenden Galaxien gleicht. Dieser innere Raum ist nicht verschieden vom Makrokosmos, der Sternenwelt am Himmel. In beiden herrschen die gleichen Naturgesetze. Alles Wissen ist im Geist begründet. Er beseelt den Organismus und läßt die Schönheit und die Größe der Natur und des Kosmos wie eine Sonne im Menschen aufgehen. Im Mikrokosmos, dem inneren Raum des menschlichen Organismus, gibt es Tore mit potentieller Schubwirkung zum planetarischen Makrokosmos und dessen unendlichen galaktischen Räumen.

Alles Wissen ist im Geist begründet

In ihren Vedas und Tantra-Schriften erklärten die alten Hindus genauestens die Lage dieser außerplanetarischen Durchgangspforten. (S. 178). Ihr Raumschiff aber war ihr Geist, den sie wissenschaftlich genauestens, wie unter einem Röntgenschirm, durchleuchteten und dadurch seine Funktionen erkannten. Für sie beinhaltete das Licht-Tantra das gesamte Wissen ihrer Zeit, und sie verbargen es bis heute in kosmischen und meditativen Diagrammen. Diese Wissensspeicherungen nannten sie Yantras und Mandalas. Nur tantrisch Eingeweihte besitzen dazu den Schlüssel. Für andere bleibt es ein Rätsel.

Yantras und Mandalas – kosmische und meditative Diagramme

Als Schüler wurde ich von Tantra-Meistern in diese besonderen Geheimnisse eingeweiht. Sie erzählten mir, daß die verschlüsselten Diagramme und Symbole von dem untergegangenen Kontinent Lemurien und dessen Erstbewohnern, den Lichtwesen, stammen. Dort nahm die erste Kultur der Menschheit vor fünfzigtausend Jahren ihren Anfang. Alte Hindu-Schriften bekräftigen dies und berichten von einem gemeinsamen Mutterland ›Mu‹, aus dem alle späteren Kulturen hervorgingen. Es lag zwischen Südostasien und Amerika im pazifischen Raum und war die Urmutter des Licht-Tantra.

Lemurien war Ausgangspunkt der ersten Kulturepoche der Menschheit

Was berichten nun diese alten, verschlüsselten Botschaften und Dokumente aus längstvergangener

Zeit, die durch neue wissenschaftliche Erkenntnisse
und alte Schriften der verschiedensten Kulturen unterstützt werden?

Verschlüsselte Botschaften über den versunkenen Kontinent Lemurien

Die Urheimat des Licht-Tantra waren Lemurien
und Atlantis. Nach mündlich weitergegebenen Mythen und schriftlichen Dokumenten alter Kulturen,
auf Stein, Tontafeln oder Papyrus niedergeschrieben, kann man folgendes über die Lage des Konti-

Lage des   nents Lemurien vermuten: Vor vielen Millionen
Kontinents   Jahren gab es eine kontinentale Landverbindung
Lemurien   von der Südküste Asiens über Burma nach Malay-
sia, Indonesien, den Phillipinen, Neuguinea bis
nach Australien. Diese Landbrücke verband Asien
mit dem legendären Kontinent Lemurien, zu dem
auch die Fidschi- und die polynesischen Inseln wie
zum Beispiel Hawaii gehörten. Die Kurzbezeichnung für Lemurien war ›Mu‹, und ›Mu‹ wird in

Mutterland aller   manchen polynesischen, südamerikanischen und
künftigen   indischen Mythen als ›Mutterland‹ aller zukünfti-
Zivilisationen   gen Zivilisationen bezeichnet.

Wo der Kontinent Lemurien genau lag, darüber
gibt es heute die verschiedensten Ansichten. Manche Esoteriker berufen sich dabei auf Helena P. Blavatsky. Sie beschäftigte sich im 19. Jahrhundert ein-
gehendst mit Lemurien. Als Begründerin der
Theosophischen Gesellschaft beeinflußte sie sehr
unsere heutige Esoterik. Sie besaß ein enormes Wissen darüber und hatte außerphänomenale Fähigkeiten, durch die sie zum Beispiel hellsehen oder mit
übersinnlichen Wesen in Kontakt treten konnte. In
alten Schriften, die sie in der esoterischen Bibliothek
eines französischen Grafen entdeckte, wurden die

Die geographische Lage von ›Mu‹ nach alten Quellen

*Berichte über das
Wesen der Menschen
auf Lemurien*

Menschen auf Lemurien als großgewachsene, feingliedrige Wesen mit enormem esoterischen Potential beschrieben. Sie besaßen die Gabe, geistige Raumreisen zu weit entfernten Galaxien zu unternehmen und dadurch zu gigantischem außerplanetarischen Wissen zu gelangen. Madame Blavatsky war eine spirituell ernstzunehmende Person mit enormer geistiger Kapazität. Nicht nur, daß sie als Frau des 19. Jahrhunderts alleine ferne Erdteile bereiste, lebte sie längere Zeit auch in Lamaklöstern, bei den Yogis in Indien und bei den Indianern in Amerika. Als Medium empfing sie von Lichtwesen, die jenseits unseres Raumes und der Zeit existieren, Botschaften. Diese schrieb sie in medialer Trance in unzähligen Büchern nieder. Darin behauptete sie sogar, daß Lemurien und Atlantis eine Zivilisation besaßen, die 18 Millionen Jahre alt war.

Lemurien hieß damals »der Kontinent der dritten Rasse«. In jener Zeit erfolgte, genetisch bedingt, die Geschlechtertrennung in Mann und Frau. Über Atlantis schrieb Madame Blavatsky, daß die damalige hohe technische Zivilisation auf der Benutzung von Kristallen beruhte. Man besaß dadurch Zugang zu gewaltigen kosmischen Energien, die man zum Nutzen der damaligen Menschen sinnvoll verwendete. Sie meinte, daß durch den kulturellen Niedergang und die Zerstörung der antiken Kulturen wie zum Beispiel Ägyptens auch dieses alte Wissen in seiner Gesamtheit verlorenging.

*Zugang zu
gewaltigen
kosmischen Energien
zum Nutzen der
Menschen*

In der östlichen Weisheit aber entdeckte sie überraschenderweise das über Jahrtausende erhalten gebliebene Wissen Lemuriens und Atlantis'. Besonders in den antiken Hindu-Schriften, die viel älter sind, als man bisher vermutete, fand Madame Blavatsky die Bestätigung dazu.

*In den antiken
Hindu-Schriften ist
das Wissen
Lemuriens und
Atlantis' erhalten
geblieben*

Genaueres über die Lage des versunkenen Kontinents Lemurien erfuhr ich erst durch meine Lehr-

Lemurien – Mutterland aller Hochkulturen

meister. Sie berichteten mir, hundertfünfzig Kilometer entfernt von der Millionenstadt Madras, im indischen Bengalen gelegen, erhebt sich der majestätische Berg Arunachala. Noch heute blickt er wie ein Leuchtturm zur Urheimat des Licht-Tantra, dem Lande ›Mu‹.

Die »Puranas« sind die ältesten südindischen Überlieferungen

Die ältesten Überlieferungen aus dem vorantiken Südindien, die »Puranas«, erklärten ihn zum ältesten sichtbaren Berg der Erde. Lange bevor die Gebirgskette des Himalaya sich auffaltete, existierte nach neuen geologischen Forschungen hier eine Gebirgskette. Dieser Berg gehört zum Rest des Gipfels dieses Hochgebirges, der Indien über die Landbrücke mit Lemurien verband. Als der Kontinent im Meer versank, blieben von ihm nur die winzigen polynesischen Inseln im Pazifik übrig.

In der Südsee gibt es Überreste der hochentwickelten lemurischen Kultur

Viele Südseeinseln tragen noch heute Ruinen, die Überreste jener großen und hochentwickelten Kultur Lemuriens sind. Es sind Tempel, zyklopisch anmutende Wallanlagen, gemauerte Kanäle, gigantische Monolithe und fremdartig aussehende Statuen.

Alte polynesische Mythen, wie die von der Osterinsel, erzählen von mit flachen Steinquadern bepflasterten Straßen, die so angelegt waren, daß sie dem Netz der grauschwarz gepunkteten Spinne glichen und keiner mehr feststellen konnte, wo sie begannen und wo sie endeten.

Lemurien war ein Land der Hügel und Bodenwellen, das vor 35 000 Jahren schon eine hohe Zivilisation und Kolonien in der ganzen Welt hatte. Alte Inschriften und Überlieferungen der Ägypter, Mayas und Kulturen aus Südostasien beschrieben dieses irdische Paradies ›Mu‹ wie folgt:

Es war ein tropisches Land, mit sanften Hügeln und weiten Ebenen, das von saftigen Weiden und beackerten Feldern überzogen war. Farbenprächtige, wohlriechende Pflanzen, Bäume und Sträucher zierten das Land. Palmen säumten die Strände, und große Farne ragten weit in die Flüsse hinein. In den Tälern weiteten sich die Flüsse zu Seen, deren Ränder mit heiligen Lotosblüten geschmückt waren. Herden riesiger Mammuts und Elefanten sowie viele andere Tiere durchwanderten den Kontinent. Breite Straßen durchzogen das Land und verbanden die Städte, die zum Teil an Flußmündungen lagen, wo Schiffe von weither aus allen Teilen der Welt anlegten. Menschen in allen Hautfarben lebten einträchtig nebeneinander. Sie waren alle Kinder von ›Mu‹, errichteten große Tempel und Paläste aus Stein. Das Land ›Mu‹ war die Mutter und das Herz der Weltkulturen in Asien und Amerika. Die Bewohner befuhren schon damals als geschickte Seeleute alle Meere der Welten. Sieben große Metropolen gab es auf dem Kontinent. Sie waren Zentren von Wissenschaft und Religion. Millionen Menschen lebten dort. Sie glaubten an die Unsterblichkeit der Seele. Der Muttergöttin Maya stand der Sonnengott Ra gleichwertig gegenüber, denn es war das Reich der Sonne. Dachlose Steintempel ermöglichten, daß die Strahlen von Ra auf die Köpfe der Andächtigen herunterschienen. Die Leute trugen kostbare Gewänder und teuren Edelsteinschmuck. In Mittelamerika, Indien und vielen anderen Weltteilen errichteten sie Kolonien, die nach einiger Zeit sich selbständig verwalteten. Das Symbol des Landes ›Mu‹ war die blühende Lotusblume, die vielarmigen Gottheiten und die siebenköpfige Schlange. Sie versinnbildlichte Schöpfer und Schöpfung.

In Indien nennt man diese Schlange noch heute »Shesha« oder »Narayana«. Bei den Mayas heißt sie »Ah-ac-chapal«. Sie stellte eine ursprünglich namenlose Gottheit dar. Es ist jene Urkraft im Licht-Tantra, die alles aus sich selbst hervorbringt.

Das Paradies ›Mu‹ in alten ägyptischen, südostasiatischen und Maya-Überlieferungen

Die Urkraft des Licht-Tantra

Gemeinsame Symbole, ähnliche Schöpfungsge-
schichten sowie pyramidenartig gebaute Tempel in
Indien, Südasien, Mittelamerika oder Ägypten weisen auf dieses sogenannte Mutterland hin. Die ägyptischen und mittelamerikanischen Kulturen lokali-
sierten es westlich vom amerikanischen Kontinent,
die asiatischen und indischen Überlieferungen öst-
lich, und zwar dort, wo die Sonne aufgeht. Dies beweist, daß der versunkene Kontinent Lemurien
zwischen Amerika und Asien gelegen haben muß.

Im indischen Epos ›Ramayana‹ beschreibt der Histo-
riker und indische Weise Valmiki, daß eine hellhäu-
tige Rasse vor vielen Jahrtausenden aus dem Land ihrer Geburt im Osten, aus dem Lande ›Mu‹, über
Burma nach Indien einwanderte. Der Weise lebte ca.
3000 v. Chr. in Indien und sammelte die damaligen
Legenden und historischen Berichte und schrieb darüber ein Werk mit 24 000 Versen. Die Einwanderer
bezeichnete er als das ›Volk der Nagas‹.

Sie ließen sich nach ihm im »Hochland von Dek-
kan« nieder und gründeten später das erste
Großreich Indiens.

Aus der Geschichte weiß man, daß sie vor 11 000
Jahren auch als das »Volk der Nacaals« in Burma
lebten. Die bis heute erhalten gebliebenen herrli-
chen Tempelanlagen von Angkor Thom in Kam-
bodscha erinnern an ihre geistigen Erben. Dort ist
eine Reihe von Tieren als Löwen dargestellt, deren
Gesichter dem Osten zugewandt sind. Die Stellung
ihres Mauls formt den Laut ›Mu‹, was – wie vermutet wird – an ihr ehemaliges Heimatland Lemurien
erinnern soll. Über Nacht, ohne ersichtlichen
Grund, verließ die Bevölkerung von Angkor Thom
ihre Paläste und Tempel. Diese wurden vom wu-
cherndem Dschungel rasch verschlungen und erst in
unserer Zeit wieder entdeckt.

Das geheimnisvolle Rätsel der alten Mayas und Inder

Die Wiege der präkolumbianischen Kultur bildeten die indianischen Völker der Olmeken und Mayas, die in Mexiko und Guatemala von heute auf morgen erschienen. Sie entwickelten eine Schrift und einen genau errichteten Kalender, mit größter Kunstfertigkeit Kultbauten und verließen plötzlich wieder ihre Städte und verschwanden auf geheimnisvoller Art und Weise. Die Geschichte der Mayas ist für die Wissenschaftler bis heute von Geheimnissen umgeben. So ist es ihnen zum Beispiel nicht gelungen, die Bilderschrift der Mayas vollständig zu entziffern. Nur etwa zwanzig Prozent sind eindeutig identifizierbar. Der Bischof von Yukatán, Diego de Landa, erließ im Jahre 1560 den Befehl zur Vernichtung der Bildhandschriften der Mayas. Nur vier große Schriften entgingen dieser mutwilligen Zerstörung. Dazu zählte das »Dresden-Condex«, welches das komplizierte Kalendersystem der Mayas enthielt. Die meisten heutigen Archäologen nehmen an, daß der Kalender der Mayas mit dem 11. August 3114 v. Chr. beginnt.

Die Geschichte der Maya ist bis heute nicht erforscht

Woher das Volk der Mayas kam, bevor es die Halbinsel Yukatán, Guatemala und Teile Mexikos besiedelte, bleibt ein Geheimnis. In der Traumwelt der Karibik blieben ihre ›Wahrsagepyramiden‹ einzigartige Bauwerke. Das Ausmaß ihrer wissenschaftlichen Leistungen in der Astronomie, Mathematik und ihre großartigen Fähigkeiten auf dem Gebiet der Architektur und der Bildhauerei spiegeln sich in ihnen wider. Ihre Pyramiden waren aber nicht nur Tempelbauten oder Observatorien für Himmelsbeobachtungen, sondern auch prunkvolle Grabmäler, die reiche Grabbeigaben enthielten. Dies eröffnet Parallelen zu den ägyptischen Pyra-

Die Herkunft der Mayas bleibt bis heute ein Geheimnis

Grandiose wissenschaftliche und technische Leistungen

miden, andererseits gleichen sie in ihrem Bausteil den Tempelanlagen in Indien und Südostasien. Das ist sicherlich nicht zufällig, denn nach den jahrtausendealten Berichten Valmikis, dem ersten indischen Poeten, war den Indern schon damals das Volk der Mayas bekannt.

Wie die Nagas in Südostasien, stammt nach seinen Erzählungen auch das Volk der Mayas aus dem Lande ›Mu‹. Als es sich in Südamerika und später in Mittelamerika niederließ, gab es zwischen ihnen und den Nagas in Indien weiter Kontakt.

Der ›Surya Siddhanta‹ ist die am meisten geschätzte indische Abhandlung zur Astronomie

In jener Zeit lebte ein Fürst der Nagas mit dem Namen Maya. Dieser Fürst verfaßte den sogenannten ›Surya Siddhanta‹, die am meisten geschätzte indische Abhandlung zur Astronomie. Sein Name erinnert an die Mayas in Mittelamerika, deren wissenschaftliche Kenntnisse der Mathematik und der Astronomie bis heute von allen Kulturen unübertroffen blieb. Wahrscheinlich stammte er von ihnen ab, oder er wurde zu Ehren jenes Volkes danach benannt. Auch hieß eine Göttin im alten Indien Maya. Ist dies alles Zufall?

Die Kultur und das Volk der Mayas sind älter, als es die heutige Wissenschaft annimmt

In seinem Ramayana (3000 v. Chr.) beweist Valmiki außerdem, daß die Mayas als Volk und Kultur älter sind, als unsere heutige Wissenschaft es annimmt. Er schrieb vor fünftausend Jahren über sie: »Die Mayas waren geschickte Seefahrer, und ihre Schiffe befuhren die östlichen und westlichen Meere, durchquerten die Ozeane von Süden nach Norden und von Norden nach Süden. Sie beherrschten diese Kunst schon vor unvorstellbar langer Zeit. Große Städte und Paläste bauten sie. Sie betrieben Handel und kulturellen Austausch mit südostasien und Indien.«

In Chichén Itzá auf der Halbinsel Yukatán im Zentrum des ›Mausoleums von Cay‹ stießen Archäologen auf eine Schlangendarstellung mit zwölf Köpfen. Das Mausoleum war dem Hohenpriester und ältesten Sohn von König Can gewidmet. Wie das ›Troano-Manuskript‹ der Mayas berichtet, lebte dieser König Can vor etwa 12 000 Jahren. Und eine dazugehörige Inschrift erklärt, daß diese Schlange die zwölf Maya-Dynastien symbolisiert. Diese Dynastien herrschten lange Zeit vor der Can-Dynastie über Mittelamerika und reichen über Tausende von Jahren in die Vergangenheit zurück. Sie weisen auf das wahre Alter der Maya-Kultur hin. Auch chinesische und japanische Quellen bestätigen dies.

Die Schlangendarstellung von Chichén Itzá weist auf das wahre Alter der Maya-Kultur hin

Götter, Göttinnen und Priester im Licht-Tantra

Die alten Mayas und Inder hatten eine gemeinsame Göttin, die Maya. Als allumfassende Liebe ließ sie die Seelen der Menschen in allen erdenklichen Illusionen erschauern.

Licht-Tantra bezeichnet die Göttin Maya auch als die ›Süße des Lebens‹. Deshalb wird sie noch heute in Indien »der zauberhafte Schleier aller Illusionen« genannt.

Die Göttin Maya, die ›Süße des Lebens‹, wurde von den Mayas und Indern verehrt

Das Licht-Tantra setzt sich mit den Begriffen Illusion und Wirklichkeit ausgiebig auseinander. Nicht ohne Grund besaß das antike Indien und das Volk der Mayas ein immenses Wissen auf den Gebieten der Astronomie, Mathematik, Physik, Chemie und Medizin. Statt die Freuden des Lebens, die Schönheit der Natur und den unendlichen Raum des Kosmos mit seinen unzähligen geheimnisvollen Welten als Illusion zu verdammen, setzten sie sich damit in göttlicher Ehrfurcht auseinander.

Der Mensch aber blieb für sie immer das Zentrum. Das Symbol dafür ist im Licht-Tantra die siebenköpfige Schlange, als das Ureine, das aus sich heraus alles erschafft: die Lotusblume, die Sonnenscheibe und die Mondsichel. Ihre Götter, Göttinnen

Die siebenköpfige Schlange ist das Symbol für das Ureine, das aus sich alles erschafft

und Priester sind als Statuen oder, gemalt – in meditativen Sitz- und Handhaltungen dargestellt. Ein energetischer Lichtbogen umhüllt als eine Art Heiligenschein ihren Körper und den Kopf. Sie sitzen auf einer Lotusblume und halten das Zepter der Herrscherkraft, einen Dreizack. Heute noch erinnert der Shivastab und der Donnerkeil, das Vajra in Tibet, das indische Yogis und tibetische Lamas für rituelle Zwecke verwenden, daran. Es symbolisiert die Brücke vom Menschen zu Gott. Im Christentum heißt diese Brücke ›Heiliger Geist‹, im Licht-Tantra nennt man es die Lichtwesen.

Die Lichtwesen sind die Brücke zwischen Menschen und Gott

Daran erinnert auch die Tempelstadt, die zu Ehren von Gott Krishna vor Tausenden von Jahren erbaut wurde. Die Gestalt Krishna symbolisiert die unbegrenzte Liebe, Hingabe und den uneigennützigen Dienst am Mitmenschen. Besonders den Frauen und allen, die unterdrückt oder ausgebeutet werden, ist er zugetan. Von ihm persönlich stammt der weise Rat: »Steh auf und kämpfe!« Die zu seinem Andenken errichtete Tempelstadt liegt drei Stunden von der Hauptstadt Nordindiens, Dehlidno, und fünfzehn Minuten von der Krishna-Stadt, seinem Geburtsort Matura, entfernt. Aus über fünftausend Tempeln besteht die Tempelstadt, wobei der älteste davon nachweislich vor sechstausend Jahren erbaut wurde. In der Mitte dieses Tempels befindet sich ein Licht-Tantra-Symbol: das ›Vraja-Mantra‹. Es hat die Form einer strahlenden Sonne und trägt in sich die Mitteilung jener Lichtwesen, die Brücke zwischen Mensch und Gott zu sein. Steht man auf diesem Sonnensymbol, hat man das Gefühl, gleich einem Raumschiff in den Kosmos getragen zu werden. Das Herz erblüht dabei wie eine Lotusblume, und man lauscht der Botschaft des Licht-Tantra.

Das ›Fraja-Mantra‹ ist das Licht-Tantra-Symbol für die Verbindung zu Gott

Dieser Geist umhüllt auch heute noch den bereits erwähnten Berg Arunachala in Südostindien

Die Geheimgesellschaft der ›Naguals‹

Für die Inder ist der Arunachala in Südostindien der Berg des Lichts, die Gebirgszüge des Himalaja sind die Berge zu den Göttern

und die Gebirgskette des Himalaja. Aus uralter Erde erheben sich diese stillen Zeugen jener tiefen Weisheit des Licht-Tantra. Nicht ohne Grund nennen die Inder den Arunachala den Berg des Lichts und den Himalaja Berge zu den Göttern. In ihren vor unvorstellbar langer Zeit hineingehauenen tiefen Höhlen meditierten und lehrten die Lichtwesen, Priester des Landes ›Mu‹ und die Yogis der Naga-Kultur das Licht-Tantra. Sie und ihre Nachfolger errichteten in Süd- und Nordindien sowie Südostasien jene unbekannten jahrtausendealten Tempelstädte und Paläste. Wie außerplanetarische Monumente erheben sie sich pyramidengleich zu den Sternen empor. Steht man dort, so glaubt man, in die Stätten der antiken indianischen Kulturen in Süd- oder Mittelamerika versetzt zu sein. Mag es Illusion sein oder nicht: Es scheint, als ob der Ursprung aller Hochkulturen eine gemeinsame Quelle hat.

Die spirituelle und magische Geheimgesellschaft der Indianer und der alten Inder

›Naguals‹ waren die Priester des Licht-Tantra

Die Priester des Licht-Tantra hießen bei den Nagas, den alten Indern, und bei den Mayas ›Naguals‹. Im Lauf der Jahrtausende nahmen sie als Geheimgesellschaft erheblichen Einfluß auf die indischen und altindianischen Kulturen. Ihr Einfluß streckte sich sogar über Süd- und Mittelamerika hinaus bis hin zu den nordamerikanischen Indianerstämmen. Das noch heute von den Sioux verwendete Wort für Seele, ›Nagi‹, erinnert an die Geheimgesellschaft der ›Naguals‹. So glaubten die Sioux, daß es im tiefsten Innern ihres Wesens etwas gibt, das sie leitet, etwas, das fast einer Person gleicht. Sie nannten es ›Nagi‹, was der Seele, dem Geist oder der Wesenheit entspricht. ›Nagi‹ kann man weder sehen noch spüren,

›Nagi‹ ist das von den Sioux verwendete Wort für Seele

noch schmecken. Wer aber fühlt, wie es sich im Körper ausbreitet, wen es besonders durchdringt, der ist bei den Sioux ein ›Wikasa wakan‹ – ein Schamane, Hellseher und Heiler.

Im Nagualismus kennt man, ähnlich wie im Schamanismus, Initiationen und.geistige Vorbereitungen, die zu übersinnlichen Fähigkeiten führen. Im indianischen Schamanismus bedeutet ›Nagual‹ soviel wie ›Schutzgeist des Schamanen‹ und erinnert, auch durch die Wortgleichheiten, an die alten Kulturen der ›Nacaals‹ oder ›Nagas‹ in Südostasien und Indien. Für die Schamanen tritt der Schutzgeist in Tier- oder Menschengestalt auf.

Für die Schamanen treten Schutzgeister in Tier- und Menschengestalt auf

In der ›Nacza- und Nagakultur‹ waren die Schutzgeister jene Lichtwesen, zu denen man über das Licht-Tantra fand.

›Nagual‹ bedeutet außerdem, daß man vor der Geburt intuitiv weiß, daß in einem zwei Teile existieren. Bei der Geburt und danach ist man nur ›Nagual‹ und empfindet dadurch ganzheitlich. Man verspürt aber auch, daß man ein Gegenstück braucht, um in dieser Welt zu funktionieren. Dadurch beginnt sich das ›Tonal‹, die Trennung oder das Gegenstück, zu entwickeln, und man verliert die Erinnerung an das ›Nagual‹, das Gefühl der Einheit. Man beginnt ›doppelt zu sehen‹.

In der Nacza- und Nagakultur ist ›Nagual‹ das Gefühl der Einheit, ›Tonal‹ die Trennung

Dies äußert sich besonders in der Einstellung zu seinen Wünschen und der Zwiegespaltenheit seiner Lebensführung. Heute glaubt man an dies und morgen an jenes. Es ist, als ob man aus zwei Personen bestünde, die voneinander nichts wissen, erfahren, geschweige denn miteinander in Harmonie leben wollen. Man projeziert das eigene Problem nach außen, indem man der Umwelt, wie zum Beispiel dem Partner oder den Kindern, die Schuld zuschiebt. Dieses ›Doppelt-Sehen‹ zeigt sich auch, indem man die Seele vom Körper, den Geist von der Materie, das

›Doppelt-Sehen‹ ist die Trennung von Seele und Körper, Geist und Materie, Gut und Böse

Ziel des Licht-Tantra ist, den Zustand der Trennung aufzuheben

Gute vom Bösen und Gott vom Teufel trennt. Dabei begreift man nicht, daß man aus der Einheit, dem ›Nagual‹, das Paar, das ›Tonal‹, bildet.

Diese Verdoppelung und damit auch den Zustand der Trennung von sich selbst wieder zu korrigieren, ist das Ziel des Schamanismus und des Licht-Tantra. Erkennt man die Welt des ›Tonals‹ als Einbahn und trennt sich von ihr, dann findet man zum ursprünglichen Zustand des ›Nagual‹, der Einheit, mit Hilfe seines Lichtwesens oder Schutzgeistes wieder zurück. Es offenbart sich durch ein nicht differenziertes Bewußtsein, das statt zu trennen zusammenfügt. Dadurch begegnet man wieder seinem ›inneren Kind‹ oder findet zur ›Erleuchtung‹.

Der Untergang Lemuriens und Atlantis' nach überlieferten Quellen

Neben dem legendären Lemurien existierte noch das sagenumwobene Atlantis. Das Land ›Mu‹ und Atlantis bestanden zur gleichen Zeit und hatten auch einen engen wirtschaftlichen und kulturellen Austausch miteinander. Atlantis lag im heutigen Atlantischen Ozean und war durch eine Landbrücke mit Europa verbunden.

Die Wiedergeburt der Seele findet durch Verwandlung der Energie statt

Das gemeinsame esoterische Gedankengut aus dem Licht-Tantra, der Wiedergeburt der Seele, wurde von den Ägyptern übernommen. Sie wußten, daß jede Kraft sich nach einiger Zeit der Aktivität abschwächt, keinesfalls aber stirbt und verlorengeht. Energie löst sich nicht auf, sondern verwandelt sich. Die Seele als potentielle Energiequelle zieht sich daher, wenn ihre Reserven erschöpft sind, vom Körper zurück. Im unerschöpflichen Speicher der kosmischen Existenz lädt sie sich wieder auf und inkarniert zu einer neuen menschlichen Existenz.

Bevor Ober- und Unterägypten sich zur Zeit von Pharao Menes um 2700 v. Chr. zu einem Königreich vereinten, gab es dort zwei verschiedene Totenkulte, die tausende Jahre zurückreichten – und zwar den »West«- und den »Ostkult«.

In Ägypten übernahm man das esoterische Gedankengut von Atlantis

In Unterägypten glaubten die Menschen, daß ihre Seele nach dem Tod nach Westen, zum Ort ihrer Inkarnation wanderte, während die Menschen in Oberägypten dachten, dieser Ort befinde sich im Osten. Einig aber waren sie sich im Glauben, daß ihre Seele über den selben Weg zum Ort der Reinkarnation wandern müßten, auf dem ihre Ahnen und ihre Götter gekommen waren. Die Seelen aus Unterägypten mußten nach Westen ziehen, um, wie ihre Vorfahren, zum Ort ihrer Reinkarnation zu gelangen, denn Unterägypten war das geistige Erbe von Atlantis, das im Westen lag.

Die Reinkarnation der Seele erfolgt auf dem Weg, den die Ahnen und Götter nahmen

Oberägypten stand hingegen unter dem Einfluß des Landes ›Mu‹, das das im Osten lag. Die Seelen seiner Verstorbenen mußten daher nach Osten wandern, um den Ort ihrer Reinkarnation auf dem selben Weg wie ihre Vorfahren zu erreichen.

Das vereinte Ägypten war also das geistige Erbe Lemuriens und Atlantis'.

Ägypten war das geistige Erbe Lemuriens und Atlantis'

Daß die Ägypter die Länder im Westen, Mittelamerika, das Land ›Mu‹, Südostasien und Indien kannten, beweißt die Biographie Solons, die Plutarch niederschrieb. Souchis, der Hohepriester von Sais erzählte Solon im 6. Jh. v. Chr. folgendes: Die Verbindung zwischen Ägypten und den Ländern des Westens sei ca. 10 000 Jahre vor seiner Zeit abgerissen. Riesige, durch Erdbeben und Überflutungen hervorgerufene Schlammassen, die von der Zerstörung Atlantis' herstammten, machten den Schiffsweg zu den Ländern im Westen, nach Mittelamerika, zum Lande ›Mu‹ und nach Südostasien unpassierbar.

Auch eine alte Maya-Schrift von der Halbinsel Yukatán im Südosten des heutigen Mexiko berichtete von der Zerstörung des Landes ›Mu‹ mit folgenden eindrucksvollen Worten:

»Im Jahre 6 Kan, am 11. Muluc des Monats Zac, ereignete sich ein schreckliches Erdbeben. Dies dauerte bis zum 13. Chuen ununterbrochen an. Das Land der ›Hügel‹ (Mutterland ›Mu‹) fiel ihnen restlos zum Opfer. Zweifach emporgehoben, versank es schließlich in der Nacht. Dabei wurde es ununterbrochen von den Feuern der Unterwelt durchgeschüttelt.«

Auf der Halbinsel Yukatán steht auch ein Tempel, in dessen Mauern folgende wichtige Inschrift zu finden ist: »Dies ist ein Gedenkstein für die Länder des Westens, an das Land von Kui, von dem unsere heiligen Mysterien und Götter stammen. Es ist nun ein Ort der Finsternis geworden, zu dem die Seelen der Toten zurückkehrten.«
Gemeint war das versunkene Land ›Mu‹.

Führende Persönlichkeiten, Priester und Wissenschaftler und alle, die sich im letzten Moment retten konnten, flüchteten auf die Landbrücke. Als sich die Natur wieder beruhigte, setzten sie ihre Flucht entweder mit Schiffen nach Amerika und Ägypten oder über den Landweg nach Burma und Indien fort.

II. Kapitel

Die Botschaft des Licht-Tantra für den heutigen Menschen

Über die Begegnung des Körpers mit seiner Energiehülle

**Ich bin die Sonne meines Lebens,
Möge ich werden wie ein mächtiger Fluß,
ständig im Wandel begriffen**

Lieber Leser, liebe Leserin, im Licht-Tantra sind Sie das Zentrum des Geschehens. Wie die Planeten um die Sonne kreisen, so bewegt sich alles Positive oder Negative in Ihrem Leben um Sie. Es hat mit Ihnen zu tun. Öffnen Sie Ihr Herz dafür, und nehmen Sie diese Botschaften an. Es will Ihnen etwas zuflüstern, Ihnen mitteilen, wo Sie stehen. Blicken Sie Ihrer eigenen Wahrheit ins Auge, und Sie entdecken dadurch immer mehr von sich selbst. Etwas will Sie in Ihrem Leben weiterführen, vertrauen Sie diesem Geschehen, denn es sind Sie selbst. Laufen Sie nicht davor weg, sondern entwickeln Sie mehr Vertrauen zu Ihrer inneren Stimme.

Loslassen eröffnet neue Energien für das Schaffen der eigenen Welt

Das Leben wurde Ihnen einst geschenkt. Nehmen Sie es an, und formen Sie daraus etwas Wunderbares. Wie Gott die Welt erschuf, so erschaffen Sie nun Ihre Welt. Lassen Sie all das los, was Sie einschränkt, und lassen Sie Ihre innere Sonne erstrahlen. In dem Moment, in dem Sie loslassen, öffnen Sie sich für neue Energien und Sie spüren wieder den Puls des Lebens. Lassen Sie sich nicht von Vergangenem knechten, fliehen Sie aber auch nicht in Illu-

sionen oder Träume. Der Moment, den Sie gerade
erleben, ist aufregend, lehrreich und lebenswert genug. Öffnen Sie all Ihre Sinne dafür, und Sie werden
reichlich belohnt. Alles ist in stetigem Wandel, auch
Sie selbst. Nur so kann die Welt miteinander kom-
munizieren und sich vervollkommnen. Sie sind ein
wertvoller Teil davon.

Auch ich durchlaufe noch immer den stetigen Wandel und ich bin darüber sehr froh. Nur dadurch ge-
winne ich an neuen Erfahrungen und sehe mein Leben von den verschiedensten Blickwinkeln. Vor
zwanzig Jahren gelangte ich an einen Punkt, an dem
ich mich zwischen Leben und Sterben entscheiden
mußte. Das Schicksal half mir dabei. Ich kam mit
Yoga und Tantra in Berührung. Dieser Wendepunkt
leitete für mich eine neue Geburt ein, ähnlich dem
Einweihungsritual im Schamanismus. Es war, als ob
ich vor den Trümmern meiner gesamten Existenz
und Persönlichkeit stand. Im Laufe der folgenden
Jahre baute ich mich mit Hilfe von Yoga und Tan-
tra-Übungen wieder neu auf. Spirituelle Meister
und Schamanen halfen mir dabei. Es schien, als ob
der Plan dahinterstand, mir ein zweites Leben zu
schenken, in dem ich endlich heranreifen und mich
vervollkommnen durfte. Eine vollkommene neue
Energieebene öffnete sich für mich, und ich hatte
das Gefühl, unter dem Schutz eines Lichtwesens zu
stehen. Ich wußte, daß meine Krankheit, Verzweif-
lung und Depression als übernommenes Karma
früherer Existenzen wie eine faule Frucht von mir
abfiel.

In den folgenden Jahren durchstrahlte immer
mehr Licht die Dunkelheit meiner verborgenen
Welten. Eines Tages wurde ich vom Schweizer
Fernsehen zum Thema ›Tantra‹ eingeladen. Die lei-
tende Moderatorin sagte mir, daß manche Men-

*Stetiger Wandel
ermöglicht neue
Erfahrungen und
Perspektiven auf
dem Weg zur
Vervollkommnung*

*Yoga und Tantra-
Übungen eröffnen
eine vollkommen
neue Energieebene*

schen Tantra als etwas ›Anrüchiges‹ empfinden. In Zeitungsanzeigen würden mehr und mehr Tantra-Massagen angeboten. Dahinter würde sich aber Geschäftemacherei mit der Sexualität verbergen. Sie fragte nach meiner Meinung dazu, und ich antwortete folgendes: »Durch Tantra kommt die eigene Wahrheit zutage. Bietet jemand unseriöse Tantra-Massagen an, dann zeigt er dadurch, wo er bewußtseinsmäßig steht. Interessenten, die sich davon anlocken lassen, teilen mit ihm das Problem der falschen Einstellung zur Liebe und Sexualität. Es sind für sie getrennte Begriffe.«

Tantra bringt die eigene Wahrheit zutage

Ich erklärte der Moderatorin, daß ihre Informationen über Tantra, Liebe und Sexualität offensichtlich oberflächlich und einseitig wären. Sie sollte sich intensiver damit auseinandersetzen. Nach der Fernsehsendung änderte sie ihre Meinung über Tantra, und sie wollte mehr und Genaueres darüber wissen.

Normalerweise ist der Zugang zur eigenen Wahrheit getrübt. Zuviel liegt im Dunkeln verborgen, und man hat Angst davor. Da es sich aber nicht restlos unterdrücken läßt, zeigt es sich als verzerrtes Spiegelbild des eigenen Ichs.

Nicht ohne Grund wird man krank, leidet oder fühlt sich von der Welt im Stich gelassen. Ein alter indianischer Spruch lautet: »Ihr Weißen versteht die Kunst, krank zu werden.« Auf diesem Energieplateau lädt man die Umwelt dazu ein mitzuspielen. Gleiches zieht Gleiches an, und alles, was einen umgibt, ist der Spiegel von einem selbst. Man lebt in einem selbst errichteten Käfig von Geboten und Verboten und verlangt dasselbe von seinen Mitmenschen. Zuwiderhandlungen werden bestraft durch Liebesentzug und Zurechtweisung. Man vergißt dabei, daß sich dadurch innere Widerstände in einem aufbauen, die es einem kaum mehr möglich machen, sich selbst oder seine Mitmenschen herz-

Was einen umgibt, ist der Spiegel von einem selbst

lich zu umarmen und zu lieben. Dieser ständige Widerstand kostet sehr viel Kraft und Energie. Tantra bringt ›Licht in die eigene Wahrheit‹, und man findet zum eigenen Lichtwesen. Man macht eine ganzheitliche Wandlung von Körper, Seele und Geist mit. Darüber zu sprechen oder zu schreiben ist unzureichend. Erst wenn die Handlung miteinbezogen wird, ›geschieht‹ Tantra. Man nähert sich dadurch Schritt für Schritt der Liebe, welche die Sexualität natürlicherweise mit einschließt. Liebe und Sexualität haben nicht nur mit dem Genitalbereich zu tun. Energetisch durchströmen sie das ganze Wesen des Menschen und durchbrechen alle kraftraubenden Widerstände.

Tantra führt zu einer ganzheitlichen Wandlung von Körper, Seele und Geist

Das Ambrosia des göttlichen Eros entfaltet sich in einem über die Sinne. Der Anziehung über den Blick, die Stimme, der ganzen energetischen Ausstrahlung kann niemand mehr widerstehen. Am wenigsten aber man selbst. Man beginnt sich wieder gerne zu haben und sieht sich als etwas Besonderes. Man lernt mit sich selbst liebevoller umzugehen. Jahrelang hat man sich selbst vermißt, doch nun wiedergefunden. Erst durch Selbstliebe ist man fähig, auch andere Menschen zu lieben. Die Schwere des Seins wandelt sich in Leichtigkeit. Man tritt nicht mehr auf der Stelle, sondern bewegt sich vorwärts und auf andere Mitmenschen zu.

Selbstliebe befähigt jeden einzelnen, auch andere Menschen zu lieben

Meine persönliche Begegnung mit Licht-Tantra und meinem Meister

Zur Lehre des Licht-Tantra gelangte ich durch eine Begegnung, die nicht ohne Grund stattfand.

Auf meinen Reisen traf ich vor Jahren einen ›Tanzenden Derwisch‹. Ich baute damals Tantra auf Konzepte auf, die aus buddhistischen und hin-

*›Kopflosigkeit‹ ist
das Licht des
Tantra*

duistischen Überlieferungen stammten. Aufgebaut
auf bestimmte Übungen, bewegt man sich zum
vorbestimmten Ziel, der Erleuchtung oder Selbstfindung. In der Begegnung mit dem ›Tanzenden
Derwisch‹ erfuhr ich das Licht im Tantra, die
›Kopflosigkeit‹.

Es geschah an einem Ort nördlich von Delhi. Ich
lebte mit meinem damaligen Meister, der mich in
Yoga und Tantra unterrichtete, an einem maleri-
schen Ort. Mitten in einem paradiesischen Urwald,
der von den Gesängen der Vögeln vibrierte, lag sein
Anwesen: ein Tempel mit einem großen Raum, der
von Säulen getragen wurde, mit Statuen von Göttern und Malereien an den Wänden. An den großen
Raum grenzten kleinere Räume an, die als Unter-
künfte gedacht waren. Schlicht eingerichtet, strahl-
ten sie jedoch durch farbenprächtige Stoffe und
durch Kerzen eine wohnliche Atmosphäre aus. Den
Tempel umgab ein Garten, in dem Obst und Gemü-
se angebaut wurde. Mein Meister war unabhängig
und konnte in völliger Zurückgezogenheit sein
Wissen und seine Erfahrung an seine Schüler wei-
tergeben. Seit Jahrtausenden leben spirituelle Weise
und Yogis auf diese Art und Weise, wobei sie sich
mit dem wunderschönen Panorama der wilden Natur umgeben.

*Spirituelle Weise
und Yogis leben
seit Jahrtausenden
unabhängig,
zurückgezogen
und in Einklang
mit der Natur*

Das Besondere am Ashram meines Meisters war
aber dieses: Sein Tempel lag inmitten einer uralten
Tempelstadt, deren halbverfallene Ruinen sich py-
ramidenförmig zum blauen Himmel erhoben. Das
stille Geheimnis einer jahrtausendealten Geschichte
umhüllte sie. Die Steinquader der Ruinen fügten
sich nahtlos aneinander und kündeten von einer
weit fortgeschrittenen Baukunst. Nur an manchen
Stellen hatte die Zeit Rillen oder Vertiefungen aus-
gewaschen, die mit Gras und Moos bewachsen waren. In diesen Mauerritzen huschten Eidechsen und

Schlangen umher oder lagen regungslos und genossen die wärmenden Strahlen der Sonne auf ihrer bräunlichen oder smaragdfarben schimmernden Haut. Inschriften und Symbole waren in einer für mich unbekannten Schrift in Steinblöcke eingehauen. Wie Altäre ruhten sie in den Tempelräumen oder standen wie Wegweiser auf den zwischen den einzelnen Ruinen verlaufenden gepflasterten Wegen. Mammuthafte Bäume ragten hoch in den Himmel und breiteten ihre Äste wie einen schützenden Mantel über die antiken Bauwerke aus. Wild wuchernde, ineinander verflochtene Sträucher schützen die Tempelstadt vor neugierigen Blicken eventuell vorbeikommender Menschen.

In der Mitte dieser antiken Anlage breitete sich ein ausladender romantischer Teich in ovaler Form aus. Eine unterirdische Quelle speiste diesen Teich und ließ auf seiner Wasseroberfläche herrlich blühende Lotusblumen tanzen. Oft saß ich hier auf einem Baumstumpf oder einem Stein. Ich betrachtete die Statuen oder die gemalten Gestalten, die in ihrer Physiognomie nicht den Indern glichen. Mich erinnerten sie durch ihre breiten, fremden Gesichter an Olmeken oder Mayas aus Mittelamerika.

Als ich eines Tages dort in meine Betrachtungen versunken saß, spürte ich plötzlich, wie eine Hand sich von hinten sanft auf meine Schulter legte. Erschrocken drehte ich mich um und sah in ein Gesicht, daß mich sofort an die eigenartigen Antlitze der Darstellungen hier im Tempelbezirk denken ließ. Es war hellhäutig, hatte breite Backenknochen, war bartlos, und die Nase war flach. Langes, schwarzes Haar hing über das weiße Gewand des Mannes bis hinab zu seinen Hüften. Magische Symbole und Schriftzeichen dekorierten das bis auf den Boden herabfallende Gewand. Armreifen und außergewöhnlich große silberne Ohrringe, verziert

Sonnenscheibe und Flügel sind die Symbole des altiranischen Sonnen- und Feuergottes Ahura Mazda

Die Zartosht, Anhänger von Ahura Mazda, beteten das Feuer als innere Reinigung an

mit blauen Opalen, schmückten ihn. Als er meine Überraschung bemerkte, lachte er herzlich und stellte sich in tadellosem Englisch vor. »Ich heiße »Nur-Ellah-Hi«, sagte er. »Ich bin in Shiraz, im Südwesten von Persien, geboren. Es ist eine uralte Stadt, die Heimat von vielen bedeutenden Propheten, Philosophen und spirituellen Meistern. Sie ist dem altiranischen Sonnen- und Feuergott Ahura Mazda geweiht. Möchtest du mehr über ihn wissen?« fragte er mich. Ich nickte gebannt. »In seiner Religion geht es um die Wahrheit, und die ist so verschieden, wie es Lebewesen auf Erden gibt. Die Sonnenscheibe und die Flügel sind seine Symbole. Man muß sich erheben können, um zur Sonne, dem Licht, entgegenfliegen zu können. Die Zartosht, die Anhänger von Ahura Mazda, glaubten daran, sie beteten das Feuer als innere Reinigung und Transformierung an, um darin ihrer eigenen geläuterten Seele begegnen zu können. Als das Volk der Parsen leben sie heute in Nordindien.

Schon als Kind empfand ich mich als etwas Besonderes und wollte der materiellen Welt entfliehen. Ich empfand mich als uraltes Wesen. Manchmal öffneten sich in mir Erinnerungen an frühere Leben. Heute weiß ich von meinen leiblichen Existenzen in längst vergangenen Kulturen. Um mehr zu erfahren, ging ich in jungen Jahren nach Malawi, der berühmten Stadt der Sufis und Derwische. Ich schloß mich ihrer spirituellen Gruppe und damit der freudigen Erkenntnis, Gott über die Ekstase zu finden, an. Derwische akzeptieren die Wirklichkeit der Materie, aber sie bereiten sich schon in diesem Leben für das, was nach dem Tode kommt, vor. Wir lieben den Wein, die Freuden und Sinnlichkeiten der Liebe, aber auch das Gebet und die innere Handlung, welche einem dem höchsten Wesen näherbringt. Im Drehtanz fliegt unsere Seele hoch zu ihm.« Er hielt kurz inne und fuhr dann fort. »Damals gehörte ich dem ältesten Derwisch-Orden an. Dieser Orden reicht Jahrtausende zurück zur Zeit Ahura Mazdas. Erst viel später, als der Islam im 6. Jahrhundert den Orient eroberte, beugten sich die Derwische der neuen Religion. Mein Orden blieb aber der alten Religion und deren altem, unvergänglichem Wissen treu. Es basiert auf den altiranischen Schriften des Ahura Mazda, welche das Gegenstück zu den alten Veden in Indien waren. In beiden ist das Wissen der Lichtwesen und der verschollenen Naga-Kultur enthalten. Der Name meines Derwisch-Ordens ist ›Nabi‹ und geht auf seinen Begründer zurück. Nabi war der erste Schamane und Derwisch im Orient. Er sagte folgendes: ›Wir sind alle uralte Lichtwesen, doch leider haben wir es vergessen. Über die eigene Wahrheit finden wir aber wieder dazu: Durch Fasten, den Rhythmus der Trommeln, durch Gesänge und Mantras sowie den Tanz um das Feuer begegnete ich, ›Nur-Ellah-Hi‹, der göttlichen Energie.

Nur-Ellah-His Bericht über seine eigene spirituelle Entwicklung

Eines Tages verließ ich den Orden, um über den Kontakt mit einfachen Menschen mehr über meine Wahrheit zu erfahren. Mein Weg führte mich nach Süd- und Nordamerika, Ägypten, Südostasien und Indien. Dort wurde ich in den Geheimorden der ›Naguals‹ eingeweiht. Oft klopften mir fremde Menschen in diesen Ländern spontan auf die Schulter und fragten mich um Rat. Ob die Begegnungen dabei traurig oder fröhlich verliefen, war für mich ohne Bedeutung. Sie bereicherten mich, und ich hatte dabei das Gefühl, einen verlorenen Teil von mir wiederentdeckt zu haben. Zu Hause dachte ich in der Stille über die Begegnungen nach. Es war, als ob Gott zu mir sprach und über die Mitmenschen mir den Weg zum Licht zeigte. Durch die Begegnung mit den unterschiedlichsten Menschen ging ich mehr und mehr in dieser Erkenntnis auf. Mein

Nur-Ellah-Hi bedeutet: Der über das Licht zur Wahrheit findet

Name Nur-Ellah-Hi bedeutet, ›der über das Licht zur Wahrheit findet.‹«

Während er mir über sein Leben erzählte, blickte er mich unverwandt an. Ich glaubte meine eigenen Gedanken zu hören, als er fortfuhr: »Ich bin ein Nabi und Nagual und kein Mohamedaner. Deshalb kenne ich das Geheimnis des Licht-Tantra, welches vor dem Schamanismus und allen Religionen war. Mein Antlitz erinnert dich an jene der Statuen, denn sie drücken den Weg zur Wahrheit aus. Licht-Tantra ist der Weg von innen her. Aber erst durch die Begegnung mit den Sorgen und Freuden der Mitmenschen schwingt die Seele im Licht des Ureinen. Blickt dich jemand an, klopft dir jemand auf die Schulter oder jemand möchte ganz einfach mit dir sprechen, so wende dich ihm mit offenem Herzen zu. Lerne zuhören, und du wirst für dich selbst dabei eine Menge erfahren. Wir sind alle Brüder und Schwestern und Teile eines Ganzen. Der Ursprung, woher wir kommen, und das Ziel, wohin wir gehen, ist in uns. Lerne es in diesem Leben zu verstehen.«

Licht-Tantra ist der Weg zur Wahrheit von innen her

In den darauffolgenden Monaten, die ich im Ashram weilte, der von Zeit und Raum unberührt schien, begriff ich, um was es eigentlich geht. Ich verstand, was der Schamanismus, das Yoga, Tao und viele andere spirituelle Botschaften eigentlich ausdrücken wollen.

Durch den ›Tanzenden Derwisch‹, der zur spirituellen Gruppe der Nabis gehörte, und meinen Tantra-Meister gewann ich Einblick in alte Dokumente. Diese berichteten von der Geschichte und den Übungen des Licht-Tantra.

Alte Dokumente berichten von der Geschichte und den Übungen des Licht-Tantra

Einiges schrieb ich inzwischen nieder und unterlegte es mit eigenen Nachforschungen. Alles darf ich jedoch nicht niederschreiben. Ein Teil davon soll ein Geheimnis bleiben. Um Sie, liebe Leser, in die-

Nabi – der ›Tanzende Derwisch‹

ses uralte Wissen einzuführen, nehme ich Sie nun mit mir auf die Reise. Sie werden dabei über das Licht-Tantra zu ihrem eigenen Lichtwesen finden.

Licht-Tantra teilt den Menschen in die Sphäre des Körpers, der Energiehülle, des Astralen und die mentale Welt

Licht-Tantra teilt den Menschen in die Sphäre des Körpers und seine Energiehülle sowie in die Sphäre des Astralen und seiner mentalen Welt ein.

Ich beginne zuerst mit der Sphäre des Körpers und der Energiehülle, denn nur durch sie kann man zur Sphäre des Astralen und der mentalen Welt vorstoßen. Deshalb achtet man im Licht-Tantra auf einen gesunden Körper und eine strahlende Aura, die dem den Körper umgebenden Energiefeld entsprechen.

Gesund und vital werden

Ohne Liebe und Hingabe passiert nichts im Licht-Tantra

Ohne Liebe und Hingabe passiert nichts im Licht-Tantra. Dies beginnt bei einem selbst und zwar beim Körper. Er ist im Licht-Tantra etwas Heiliges und Besonderes. Der Körper ist der Tempel der Seele und des Geistes. Als lieber Freund achtet er auf die Wünsche und sorgt sich um das Wohl seines Besitzers. Er ist immer da, wenn man ihn braucht, und stellt sich einem bedingungslos zur Verfügung. Als Dank dafür möchte der Körper mit all seinen Funktionen mit Zuwendung belohnt werden. Leider mißachten manche Menschen diesen Wunsch. Statt ihn liebevoll zu behandeln, mißbrauchen, überfordern und bestrafen sie ihren Körper. Gekränkt wie ein Kind zieht er sich dann zurück. Wohl erfüllt er noch, um einigermaßen überleben zu können, die notwendigsten Aufgaben. Insgeheim aber ist seine Beziehung zur Seele und dem Geist des Menschen gestört.

Langsam aber sicher beginnt er darunter zu leiden und wird krank. Von diesem Moment anerkennt der Mensch, wie kostbar ein gesunder und starker Körper ist. Mag die Seele und der Geist noch so über dem Körper stehen, ohne ihn kann man nicht in diesem Leben existieren. Er ist die Wohnstätte und das Kunstwerk, durch die Seele und Geist sich entfalten können. Wenn der Körper sich durch Krankheit regt, dann möchte er wieder ernstgenommen werden. Der Schmerz ist ein Verzweiflungsschrei nach Berührung, Beachtung und Liebe. Kranksein bietet die Chance, sich endlich Zeit für sich selbst zu nehmen. In dieser Konfrontation entwickelt man eine Zwiesprache mit seiner Krankheit.

Ein gesunder und starker Körper ist äußerst kostbar

Um den Bezug zu sich selbst oder dem kranken, schmerzenden Teil wiederherzustellen, ist es wichtig, körperlich, seelisch und geistig den Kontakt dazu wieder aufzubauen. Auf seinen Besitz, das Sparbuch oder einen lieben Menschen achtet man sorgfältig. Man denkt oft an sie und ist bemüht, sie nicht zu verlieren – oder den lieben Menschen nicht zu kränken. So sollte man auch mit seinem Körper umgehen. Ist die Funktion eines Gelenkes beeinträchtigt, leidet man an einem Bandscheibenvorfall oder rührt sich des öfteren der Ischiasnerv, dann kann man sich kaum mehr bewegen und der Schmerz beeinträchtigt die Freude am Leben.

Jedes innere Organ ist eine finanzielle Anlage in Millionenhöhe. Um überhaupt ein Spenderorgan zu bekommen, bedarf es Glück und viel Geld auf dem Sparkonto. Das Risiko der Operation und der Organabstoßung kommen noch hinzu. Wird man sich all dessen bewußt, dann geht man liebevoller mit sich und seinen inneren Organen um. Man beginnt seinen Körper mit mehr Respekt zu behandeln. In diesem Moment wandelt er sich zu einem lebendigen Organismus. Viele Jahre hat man sich selbst schlecht behandelt, und nun beginnt man liebevoller mit sich umzugehen. Mut und Tatkraft braucht

Ein liebevoller Umgang mit sich selbst leitet positive Veränderungen im eigenen Leben ein

man dazu, um über diese Konfrontation Veränderungen in seinem Leben einzuleiten. Einer der wichtigsten Faktoren dabei ist die Zeit. Im Licht-Tantra sind Sie das Wesentlichste und Wichtigste, nehmen Sie sich daher für sich selbst Zeit. Leiden Sie an einer Krankheit, dann erkennen Sie, daß der damit verbundene Schmerz ein Lehrmeister für Sie ist. Mit seiner Hilfe kommen Sie sich näher. Er führt Sie dadurch wieder zu Gesundheit und Harmonie.

Aktivierung und Heilung der inneren Organe

Diese Übungen wirken bei:

- Nervosität und Unruhe
- Müdigkeit und Depressionen
- Schlaflosigkeit
- Darm- und Magenproblemen
- sexuellen Problemen
- Heilung der inneren Organe.

Trifft eines dieser Probleme auf Sie zu, dann machen Sie folgende Übungen:

Legen Sie sich auf eine Decke mit dem Rücken auf den Boden. Nehmen Sie Kontakt zu ihrem Organismus auf, indem Sie im Ein- und Ausatmen die Bewegung Ihrer Haut spüren. In der Einatmung spannt sie sich über den ganzen Körper, und in der Ausatmung entspannt sie sich.

Durch konzentriertes Ein- und Ausatmen verwandeln Sie sich zu einem heilbringenden Energiestrom

Konzentrieren Sie sich nun nur auf die Ausatmung, und betrachten Sie das Innere Ihres Körpers als Art lichtdurchflutete Höhle. Sie erstreckt sich vom Scheitel bis zu den Zehen und Fingern. Tauchen Sie darin ein, und verwandeln Sie sich zu einem heilbringenden Energiestrom.

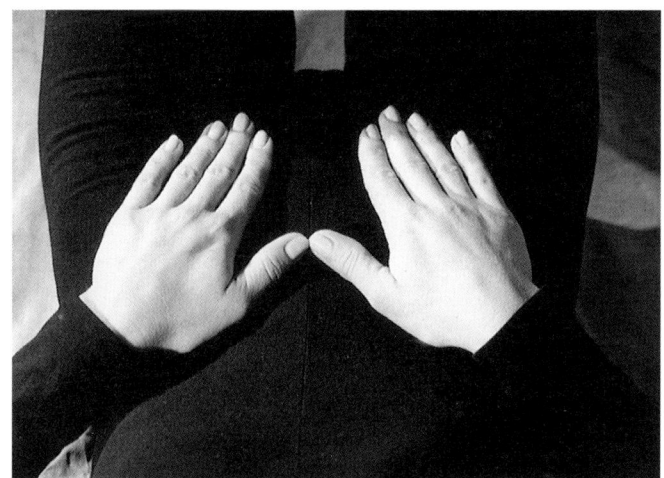

Foto 1

Beckenzuwendung

In Ihrer Vorstellung breiten Sie sich im Becken aus. Legen Sie die Hände auf die Leisten. Schenken Sie allen dort liegenden Organen wie Darm, Blase, Hoden oder Gebärmutter in der ruhigen Ausatmung Zuwendung und heilende Energie (Foto 1). Fühlen Sie sich krank, dann legen Sie die Hände auf die betreffende Schmerzstelle, und nehmen Sie Kontakt mit ihr auf. Senden Sie in der Ausatmung heilende Energie über Ihre Hände dorthin. Heben Sie dabei Ihre Mundwinkel ein wenig zu einem inneren Lächeln an. Stellen Sie sich dabei vor, wie das Becken oder die Schmerzstelle warm durchströmt wird und mit Ihnen Kontakt aufnimmt. Sie senden Ihnen nun, als Dank für die liebevolle Zuwendung, ein inneres Lächeln zurück.

Über die Hände wird heilende Energie in das Becken geleitet

Bauch- und Brustkorböffnung

Legen Sie die Hände auf den Bauch und Solarplexus. Nehmen Sie mit diesen Stellen Kontakt auf (Foto 2). Hier ist Ihre Lebensbatterie, die wie ein

Bauch und Solarplexus sind das Energiekraftwerk des Körpers

Foto 2

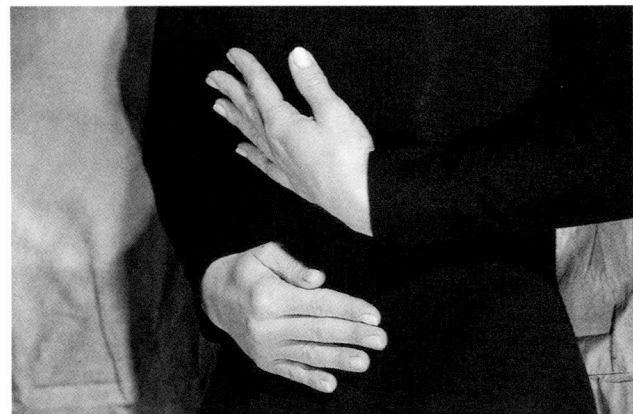

Foto 3

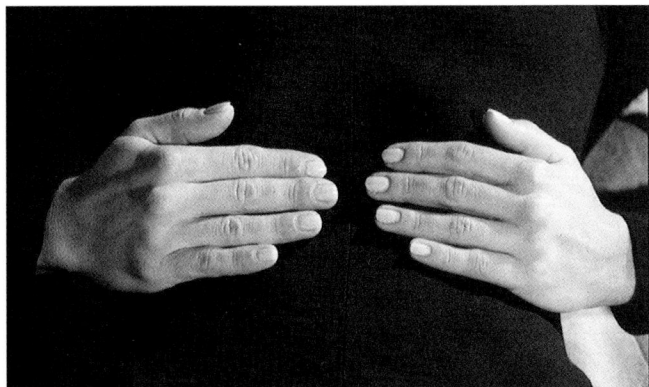

Foto 4

Kraftwerk Energie produziert. Schenken Sie Ihrem inneren Kraftwerk Zuwendung, und spüren Sie in der Ausatmung die Energieaufnahme durch Ihre Hände.

Legen Sie die rechte Hand auf die Leber und die linke auf die Milz unterhalb des Rippenbogens (Foto 3). Nehmen Sie in der Ausatmung Kontakt zu beiden Organen auf, und schenken Sie beiden ein inneres Lächeln. Lassen Sie es wie eine Sonne zurückstrahlen.

Legen Sie die linke Hand unter das Brustbein, zur Bauchspeicheldrüse und die rechte auf den Magen (Foto 4). Wiederholen Sie auch dort die liebevolle Zuwendung und Energieaufladung der beiden Organe.

Spüren Sie, wie Ihr ganzer Brustkorb sich in der tiefen Atmung hebt und senkt. Es wird Ihnen angenehm warm ums Herz, und es öffnet sich wie eine Blume (Foto 5). Sprechen Sie, wie zu einem guten Freund, zu Ihrem Herzen, und lauschen Sie seiner Botschaft. Es schlägt immer für Sie, ob bei Tag oder bei Nacht. Jegliche Belastung fällt von Ihnen wie eine überreife Frucht ab, und Sie fühlen sich unbeschwert und frei.

Schenken Sie Ihren Organen inneres Lächeln und liebevolle Zuwendung

Lungen- und Atemöffnung

Der Atem ist die verbindende Kraft zwischen Körper und Geist. Ist der Atem zu schwach, oberflächlich oder zu rasch, so ist die Wechselbeziehung zwischen Körper und Geist gestört. Konzentrieren Sie sich auf beide Schulterblätter, um die Verbindung wiederherzustellen. Spüren Sie, wie im Ausatmen beide Schulterblätter sich in den Boden senken. Hier im Körperinneren befinden sich Ihre Lungenflügel. Stellen Sie sich diese wie Ballons vor, welche sich durch die Einatmung mit Kraft und Energie auffüllen und in der Ausatmung diese Lebensener-

Foto 5

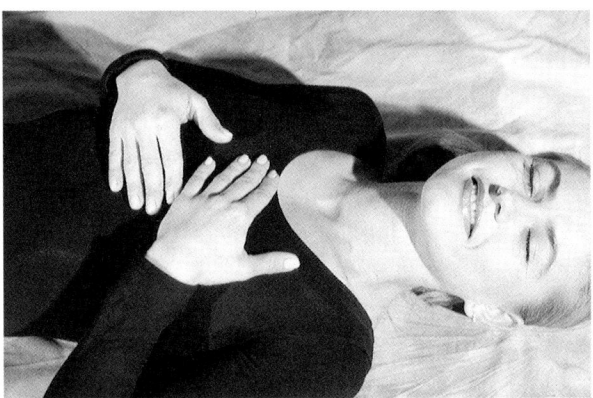

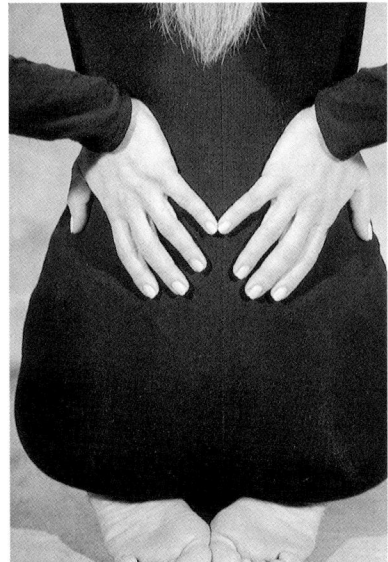

Foto 6

Foto 7

gie im ganzen Körper verteilen. Schenken Sie Ihrer-
Lunge dafür ein inneres Lächeln (Foto 6). Sie werden dafür reichlich belohnt.

Nierenöffnung

Die Niere ist mit der Urangst verbunden. Nehmen
Sie Kontakt zu Ihren beiden Nieren auf. Knien Sie
sich hin, und massieren Sie, in der oberen Hüftge-
gend, dieses Organ (Foto 7). Spüren Sie dabei die
durchströmende wärmende Energie, und lassen Sie
von jeglicher Angst los. Schenken Sie Ihren Nieren
Beachtung. Nehmen Sie Ihre Ängste an, und lassen
Sie sie dann los. Dadurch laden sich die Nieren mit
Lebenskraft auf.

Schenken Sie Ihren Organen Beachtung, und lassen Sie Ihre Ängste los

Öffnung des Schädels

Im Schädelinneren liegt geschützt das Gehirn, welches über die Sinne und den Körper wahrnimmt.
Andererseits speichert es Wissen und Informationen. Das Gehirn ist das Organ des Denkens. Versucht man alles über den ›Kopf‹, über das Denken,
zu begreifen, dann wird er schwer und schmerzt
vor Anstrengung. Man hält dann seinen Kopf und
bewegt ihn hin und her, um ihn von dem inneren
Druck wieder freizumachen. Erst wenn man sich
mehr dem Fühlen überläßt, befreit man sich auch
vom Teufelskreis des Denkens.

Mehr Fühlen hilft, sich von innerem Druck freizumachen

   Sie haben sicherlich schon unter Kopfweh gelit-
ten und sich dann die Frage gestellt, was man dagegen tun kann. Kehrt das Kopfweh in bestimmten zeitlichen Abständen immer wieder, so kann es
sich um eine Migräne handeln. Rund ein Achtel
der Gesamtbevölkerung ist davon betroffen. Nur
etwa 50 Prozent konsultieren deswegen einen
Arzt. Viele haben resigniert und behandeln die immer wiederkehrenden Kopfschmerzen selbst, zum
Beispiel mit schmerzstillenden Tabletten. Viele

dieser Medikamente wirken aber nicht nur schmerzlösend, sondern durch die beigegebenen Psychopharmaka-Substanzen ›wohltuend‹ auf die Seele. Die dabei entsehenden Hoch- und Glücksgefühle können einen tablettenabhängig machen. Wissenschaftliche Untersuchungen ergaben, daß durch vermehrten Tablettenkonsum die Migräneanfälle zunehmen können.

Medikamenten-abhängigkeit führt zu Depressivität und Unglücklichsein

Durch die Medikamentenabhängigkeit wird man depressiv und unglücklich, außerdem können sich Nierenschäden einstellen. Um aus diesem Teufelskreis zu kommen, ist es unbedingt notwendig, sich einem Neurologen anzuvertrauen. Die Ursache von wiederkehrenden Kopfschmerzen kann eine ernsthafte Krankheit sein. Streß, Alkohol, Nikotin, gewisse Nahrungsmittel und Wetterfühligkeit können die Auslöser dafür sein. In einigen Fällen hat sogar der Verzehr von Schokolade zu Migräneanfällen geführt.

Man vermutet, daß Migräne oder Kopfschmerzen durch Entzündung oder Irritation der Blutgefäße im Hirn verursacht wird.

Ablauf eines Migräneanfalls

In der Frühphase verengen sich die Gefäße im Gehirn. Das kann Sekunden oder Minuten dauern. Die Symptome sind Schwächegefühl, Unwohlsein, Orientierungsschwierigkeiten.

Beim Migräneanfall selbst dehnen sich die Gefäße im Gehirn aus. So ein Anfall kann Stunden oder Tage dauern. Die Symptome sind schwere einseitige Kopfschmerzen, Übelkeit, Erbrechen, Durchfall, Atemnot, Licht- und Lärmempfindlichkeit, Kreislaufbeschwerden.

Es gibt neuerdings ein Medikament, das statt Psychopharmakabeigaben die Substanz ›Sumatripstan‹ enthält. Der Stoff wirkt auf bestimmte Seretonin-Rezeptoren und gleicht Gefäßveränderungen aus.

Unabhängig davon, welches Medikament gegen Migräneanfälle Sie verwenden, versuchen Sie, weniger davon einzunehmen. Wichtig ist, sich zu fragen, wovon man seine Kopfschmerzen bekommt. Vielleicht denkt man zuviel über seine Probleme nach, und der Kopf wird davon schwer und müde. Man stützt ihn auf und spürt bereits die anschleichenden Symptome der Migräne.

Bei Migräneanfällen so wenig als möglich Medikamente einnehmen

Meine Großmutter litt sehr unter Kopfschmerzen. Bei abrupten Wetterveränderungen und besonders bei Föhn jammerte sie immer über die nun wahrscheinlich wiederkehrende Migräne. Als Kind lebte ich bei ihr und machte ihr Problem zu meinem. Jahre später, ich war schon erwachsen, überraschten mich Migräneanfälle aus heiterem Himmel. Auch ich griff zu Schmerztabletten und war darauf bedacht, auf Reisen immer welche dabeizuhaben. Man konnte ja nicht wissen. Erst als ich mich wieder an das Migräneleiden meiner Großmutter erinnerte, die Herkunft meiner Kopfschmerzen also erkannte, konnte ich ohne Schmerzmittel auskommen.

Hilfe bei Augen-, Migräne-, Kopf- und Nackenschmerzen sowie bei Verspannungen im Schulterbereich

1. Kopfschmerzen, die vom Nackenbereich ausgehen

Legen Sie Ihre linke Hand oberhalb des rechten Ohres an den Kopf und drücken Sie ihn vorsichtig zur linken Schulter (Foto 8). Werden Sie in der gedehnten Ausatmung ganz weich im Nacken und Schulterbereich. Spüren Sie dabei einen starken Widerstand, dann halten Sie inne und setzen nach einigen Ausat-

Übungen gegen Kopfschmerzen im Nacken- und Schulterbereich

Foto 8

Foto 9

Foto 10

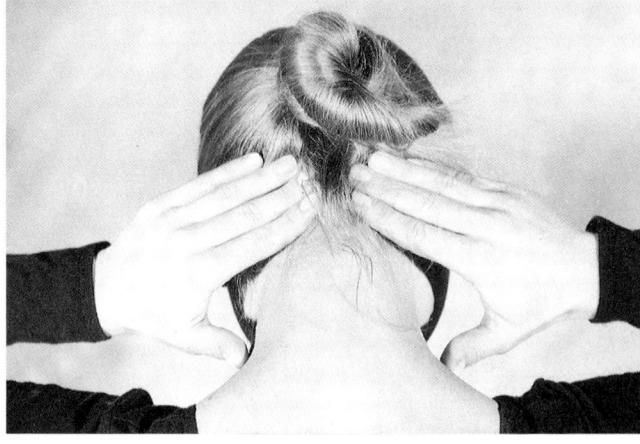

Foto 11

mungen mit der seitlichen Dehnung fort.

Wiederholen Sie die Übung mit der rechten Hand zur anderen Seite.

Legen Sie eine Hand in den Nacken und die andere auf die Stirn. Üben Sie mit den Händen einen starken Gegendruck aus, und zählen Sie dabei bis fünfzig (Foto 9). Wiederholen Sie die Übung, und massieren Sie danach mit den Fingerkuppen die beiden Einbuchtungen neben der Wirbelsäule am Schädelansatz (Foto 10). Üben Sie dabei vorsichtig Druck aus, um die Verspannungen in ein Wohlgefühl übergehen zu lassen.

Partner-Übung

Knien Sie sich auf ein Polster. Ihr Partner drückt vorsichtig beide Ellbogen in die Vertiefungen oberhalb der Schulterblätter (Foto 11). Dies soll anfangs mit leichtem Druck geschehen und – nach einer kurzen Massage – verstärkt werden. Entspannen Sie dabei Ihre Schultern und den Nacken. Nach einiger

Foto 12

Foto 13

Übung, die alleine durchgeführt wird

Zeit spüren Sie dort angenehme Wärme strömen.

Haben Sie keinen Partner, dann legen Sie sich mit angewinkelten Beinen auf den Boden (Foto 12), und drücken mit beiden Händen von hinten das Kinn gegen die Brust.

Danach legen Sie den Kopf wieder zurück, so daß er den Boden berührt. Legen Sie beide Hände neben den Körper, und heben Sie die Beine hoch

Foto 14

(Foto 13). Entlasten Sie nun Rücken, Wirbelsäule, Schultern und Nacken, indem Sie die gestreckten Beine nach rückwärts parallel zu Boden neigen (Foto 14).

Lassen Sie sich dafür Zeit, und atmen Sie während der Übung ruhig. Rollen Sie nun langsam die Wirbelsäule ab, bis beide Beine und der Rücken am Boden wieder aufliegen (Foto 15).

2. Kopfschmerzen, die vom Hinterkopf oder den Schläfen ausgehen

Massieren Sie mit den Fingerkuppen kreisend um die Schläfen. Fahren Sie damit am Schädelknochen oberhalb des Augenlides fort (Foto 15a). Beginnen Sie auf der Innenseite, beim oberen Nasenbein, und drücken Sie vorsichtig in die Einbuchtungen des oberen Knochens.

Übungen an den Schläfen und oberhalb des Augenlids

Halten Sie ein wenig den Druck, und lösen Sie ihn dann wieder langsam. Beenden Sie die Massage, wenn Sie bei der letzten Einbuchtung seitlich vom Augenlid angelangt sind.

Übung am oberen Gaumen

Üben Sie mit dem Daumen Druck am oberen Gaumen aus, und verstärken Sie dies durch Gegen-

Foto 15

Foto 15a

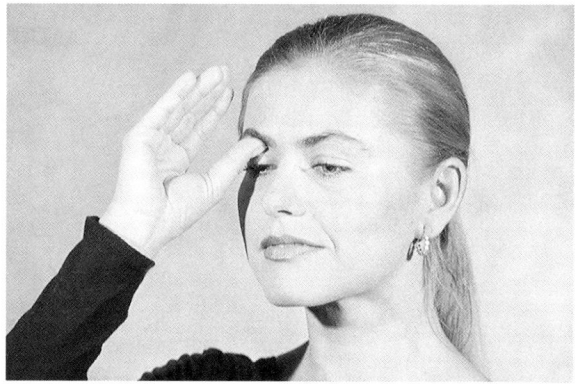

druck des Gaumens auf den Daumen. Zählen Sie dabei bis dreißig. Wiederholen Sie diese Übung (Foto 16) einige Male.

3. Kopfschmerzen, die vom Hinterkopf, dem Nacken und den Schläfen ausgehen

Übungen mit Armen und Händen   Setzen Sie sich auf einen Stuhl im Schneidersitz hin. Ihre linke Hand ist neben der rechten Hand, Ihre

Foto 16

Arme sind angewinkelt (Foto 17). Blicken Sie nun immer auf den rechten Handrücken, während Sie ihn langsam nach rückwärts – und gleichzeitig die linke Hand schräg nach oben – schieben. Ihr Kopf, der Nacken und der Blick dreht sich dabei mehr und mehr nach rückwärts, bis der rechte angewinkelte Arm zum toten Punkt kommt und der linke Arm ganz nach vorne gestreckt ist (Foto 18). Ihre Hände nähern sich danach langsam wieder, bis die rechte Handfläche auf dem linken Handrücken aufliegt. Ihr Kopf und ihre Augen gehen dabei mit dem angewinkelten rechten Arm fließend nach vorne mit. Wiederholen Sie die Übung, und setzen Sie sie danach mit der anderen Körperseite fort.

Heben Sie die angewinkelten Arme mit aneinandergelegten Handflächen über den Scheitel. Senken Sie die Arme langsam nach unten und gehen Sie in Brusthöhe seitlich wieder hoch zum Scheitel und hinüber zur anderen Körperseite und so fort. Ach-

Foto 17

Foto 18

Foto 19

ten Sie darauf, daß die Handflächen dabei immer aneinanderliegen (Foto 19). Entspannen Sie bei diesem ›Tanz‹ Ihre Schultern, den Nacken, die Augen und die Kopfhaut.

Das Thema Migräne möchte ich mit folgender Geschichte abschließen. Eines Tages lud mich ein guter Freund zu einem Fest ein. Dort lernte ich seinen Vater kennen. Seit zwanzig Jahren litt der unter heftiger Migräne, die er mit starken Schmerztabletten bekämpfte. Obwohl ihn sein Hausarzt davon unterrichtete, daß er dadurch seinen Organismus langsam zerstören würde, nahm der Vater meines Freundes sich keine Zeit für Alternativmöglichkeiten. Innerhalb von zwanzig Minuten massierte ich seine chronischen Kopfschmerzen weg. Fünf Monate lang war er davon befreit und mußte keine Arznei einnehmen. Obwohl ich ihm kostenlos meine weitere Hilfe anbot, kam er nicht darauf zurück. Als ich seinen Sohn nach diesen fünf Monaten wieder traf, hörte ich, daß sein Vater wie gewohnt die neuerlichen Migräneanfälle mit starken Tabletten und Injektionskuren bekämpfte. Resümee: Obwohl er jahrelang darunter litt, wollte er die Migräne und die damit verbundene Tablettensucht gar nicht loswerden. Dieser Fall beweist, daß bloßes Reden und wirkliches Handeln zwei verschiedene Dinge sind. Solange man nichts dafür tut, um gesund zu werden, bleibt man krank, auch – und besonders – wenn man als Therapie ständig Tabletten konsumiert.

Massage ist eine wirksame Methode gegen Migräne

Gesundheit und Wohlergehen erzielt man im Licht-Tantra durch die Tantra-Massage. Stößt ein Kind sich den Kopf an, dann läuft es zur Mutter. Die streichelt ihm den Kopf oder drückt unterbewußt auf Punkte, die schmerzlindernd wirken. Das wahre Heilungsmittel aber ist die Liebe und die damit

Die Tantra-Massage führt zu Gesundheit und Wohlergehen

verbundene Zärtlichkeit. Nicht ohne Grund tut man sich weh oder wird krank. Schenken Sie sich selbst Liebe und Zärtlichkeit, und nehmen Sie sich wie ein Kind in die Arme. Lassen Sie die Tränen fließen. Es reinigt und befreit Sie von all dem Belastenden in Ihnen. Erst dann können Sie wieder richtig durchatmen und sich wohl fühlen. Sie haben Ihr inneres Kind, die Unschuld, wiedergefunden.

Kräftigung und Vitalisierung des Körpers und des Organismus

Krankheit bedeutet
Energieverlust

Im Licht-Tantra bedeutet Krankheit Energieverlust. Der Körper fällt ohne Lebenskraft wie ein Reifen ohne inneren Druck in sich zusammen. Dies zeigt die Körpersprache eines kranken Menschen. Licht-Tantra erklärt es als Mangel an Struktur oder äußerer Festigkeit. Beide werden durch die innere Festigkeit, die Lebenskraft bestimmt. Die Lebenskraft heißt ›Prana‹. Wenn sie verlorengeht, stirbt man. Ist die Lebenskraft zu schwach, dann leidet der Mensch unter dem Mangel an Energie. Norma-

Selbstliebe führt zu
vermehrter
Energieaufnahme

lerweise ist er dann kaum mehr in der Lage, sich selbst zu helfen oder ohne Hilfe anderer zu überleben. Die Bereitschaft zur vermehrten Energieaufnahme kann aber nur durch einen selbst geschehen. Entdeckt man wieder die Selbstliebe, dann öffnen sich auch das Innere, die Seele und der Gesamtorganismus dafür.

Die heutige Medizin kennt unzählige Krankheiten und gesundheitliche Beschwerden. Sie kennt aber als Gegenstück dazu nur das Wort Gesundheit. Wie oft muß man erleben, daß man, kaum von einer Krankheit genesen, schon wieder krank wird. Sie hat sich nach einer kurzen Periode der Gesundheit an eine andere Stelle des Organismus verlagert.

Warum geschieht dies? Licht-Tantra meint dazu folgendes: Um krank zu bleiben, muß man etwas dafür tun, ebenso um gesund zu bleiben. Die Entscheidung liegt also bei einem selbst. Sie sehen lieber Leser, man selbst sucht es sich aus.

Gesundheit bestimmt jeder selbst

Die hektische stressige Lebenseinstellung geht Hand in Hand mit wenig oder falscher Bewegung, oberflächlicher Atmung und einer Überaktivität der Gehirnwellen. Dies führt nach längerer Zeit zu einer Disharmonie der Drüsensekretion und dadurch zu einer Verringerung der Hormonproduktion, die für das Allgemeinwohl des Menschen wesentlich ist. Die Haut, Haare und Nägel, das Gewebe und das seelische Gleichgewicht leiden darunter. Eine Erhöhung des Pulses und des Kreislaufs belastet das Herz und damit die Lebenserwartung. All dies Krankmachende führt zu Kraft- und Energieverlust. Der Körper und die Seele des Menschen fallen, symbolisch betrachtet, in sich zusammen. Sie leiden unter dem Mangel an Struktur und Dichte. Die Struktur zeigt sich über die Festigkeit des Knochengerüstes, der Stärke, aber auch der Flexibilität des Körpers, der Allgemeinkondition und schließlich der allgemeinen Funktion der inneren Organe und endokrinen Drüsen. Die nötige Dichte im Organismus weist auf ein enormes Kraft- und Energiepotential sowie auf seelische Stabilität und Ausgeglichenheit hin. Die Lebensangst wird durch Mut und Entschlossenheit ersetzt. Man nimmt sein Schicksal selbst in die Hand, indem man tatkräftig an sich arbeitet.

Streß führt langfristig zur Disharmonie und verringert das Allgemeinwohl des Menschen

Mut und Entschlossenheit verhindern Lebensangt

Im Licht-Tantra gibt es dafür unzählige Körperpositionen, Atem- und Konzentrationsübungen mit magischer Auswirkung. Sie wandeln den materiellen Körper in Lichtenergie um und machen ihn da-

Umwandlung des materiellen Körpers in Lichtenergie

durch unsterblich. Diese Übungen gebe ich nur persönlich in meinen Seminaren und Kursen weiter, da sie genauestens ausgeführt werden müssen. Durch ihre immense Auswirkung auf den Organismus altert man kaum und kann den Verlauf von Krankheiten positiv beeinflussen.

In der früheren UdSSR entdeckten Wissenschaftler eine Droge, durch die man die frühere jugendliche Spannkraft wieder zurückgewinnt und man nicht mehr altert. Nur die höchsten Politiker und Parteibonzen hatten dazu Zugriff. Heute ist diese Droge auch in Amerika erhältlich. Die Dosis für einen Tag kostet aber an die 10 000 US $ und ist daher fast unerschwinglich.

Licht-Tantra ist der Pfad der Freude und der Weg der ewigen Jugend

Licht-Tantra kannte schon vor langer Zeit das Geheimnis der ewigen Jugend. Diese Erfahrung bestätigte sich auch bei mir. Treffe ich Freunde meiner Generation, dann sehe ich merklich den Unterschied zwischen ihnen und mir. Sie sind gealtert, hatten schwere Operationen hinter sich und das Leben ist bereits für sie gelaufen. Den Elan, Neues zu beginnen, haben sie verloren. Dadurch wird mir immer bewußt, wo ich stehe, und ich bin meinem Schicksal dankbar, daß ich dem Licht-Tantra begegnen durfte.

Auch Sie können sich entscheiden, den Weg des Leidens und des körperlichen Verfalls oder den Pfad der Freude und der ewigen Jugend zu gehen. Dazu bedarf es aber viel an Zeit und Tatkraft und Geduld.

Um die Körperübungen des Licht-Tantra einer großen Zahl von Menschen zugänglich zu machen, reduzierte ich die Übungen auf einige wesentliche.

Durch die folgenden Positionen und tiefe Atmung durch die Nase entwickeln Sie den nötigen Aufbau von Struktur und Dichte für sich. Sie gewinnen dadurch Gesundheit bis ins hohe Alter, jugendliches Aussehen und Freude am Leben.

Selbstmassage durch Körperübungen im Licht-Tantra

1. Tänzer (Foto 20)

Stellen Sie sich aufrecht hin, und fassen Sie den linken Fuß. Dehnen Sie ihn vorsichtig zum Gesäß. Greifen Sie dabei mit dem anderen Fuß, wie mit einer Hand, fest in den Boden. Dadurch stehen Sie stabiler und ruhen fest in Ihrer Mitte.

Übungen im Stehen

Strecken Sie nun den rechten Arm mit der Handfläche nach oben. Wölben Sie den Brustkorb nach vorne, und lassen Sie die Spannung im Lendenbereich los (achten Sie darauf, kein Hohlkreuz zu machen). Atmen Sie zehnmal tief ein und aus. Spüren Sie die Energie, welche nun in Ihnen zu strömen beginnt. Wiederholen Sie dies Ganze mit der anderen Seite (Foto 20).

2. Horus (Foto 21)

Aufrechtstehend wenden Sie langsam den Oberkörper so weit wie möglich nach links, bis Sie nach rückwärts auf den linken, gestreckten Arm blicken. Winkeln Sie nun den rechten Arm in Bauchhöhe ein wenig an, so daß die Handfläche zum Nabel weist (Foto 17).

In der tiefen, gedehnten Einatmung nehmen Sie nun über den Bauch und Solarplexus die Energie über die Handflächen auf und atmen sie in der Ausatmung bis zu den Fingerspitzen des nach rückwärts gestreckten Arms. Wiederholen Sie es zehnmal, und machen Sie die Übung zur anderen Seite.

3. Schwert und Schild (Foto 22)

Beginnen Sie die Position mit einem großen Schritt nach vorne. Beugen Sie das rechte Knie soweit, bis

Foto 20

Foto 21

der Oberschenkel parallel zum Boden ist. Strecken
Sie den rechten Arm, Zeige- und Mittelfinger wie
ein Schwert zum Angriff nach vorne. Heben Sie nun
den linken Handrücken wie einen schützenden
Schild zur Stirn (Foto 22). Atmen Sie tief ein und
aus, und halten Sie die Position für ca. eine Minute.
Wiederholen Sie es zur anderen Seite.

Foto 22

Foto 23

4. Energiedreieck (Foto 23 + 23a)

Stehen Sie mit gegrätschten Beinen aufrecht. Strecken Sie den Oberkörper und beide Arme nach oben.

Übungen mit gegrätschten Beinen

Beugen Sie sich nun aus dem Becken nach vorne, bis Ihr Oberkörper und beide Arme parallel zum Boden sind (Foto 23).

Foto 23a

Foto 24

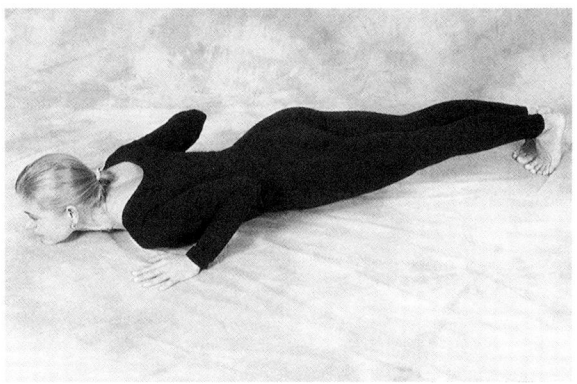

Greifen Sie nach Ihren großen Zehen, und dehnen Sie Ihre Wirbelsäule so weit wie möglich durch, indem Sie nach vorne blicken (Foto 23).

Atmen Sie tief und gedehnt über beide Arme und Hände zu den Füßen aus und in der Einatmung über beide Beine und den Rücken zu Schultern und Nacken. Halten Sie die Position zehn tiefe Atemzüge lang.

Foto 24a

5. Skorpion (Foto 24 und 24a)

Ihr Oberköper berührt zunächst den Boden, dann richten Sie ihn auf die Hände gestützt in Schulterhöhe auf. Kinn und Zehen beider Füße liegen am Boden auf (Foto 24).   *Liegestütz-Übung*

Heben Sie nun den Oberkörper ein wenig an, und strecken Sie dabei das linke Bein so weit wie möglich nach oben. Spannen Sie die Gesäß-, Rücken- und Oberschenkelmuskeln einige tiefe Atemzüge lang an.

Entspannen – und zur anderen Seite wiederholen.

Foto 25

Foto 25a

6. Sonne (Foto 25 und 25a)

Begeben Sie sich in Hockstellung, öffnen Sie die Knie so weit wie möglich.

Übung in der Hockstellung

Achten Sie darauf, daß Ihre Fußsohlen fest auf dem Boden ruhen, wobei die Füße etwas nach außen gedreht sind. Die Oberschenkel sind parallel zum Boden (Foto 25).

Stützen Sie nun die Ellbogen auf die Knie, und nehmen Sie die Schultern ein wenig zurück. Dadurch weisen die Unterarme senkrecht nach oben und die Handflächen nach vorne. Blicken Sie weit zum Horizont, und ruhen Sie dabei für ein bis zwei Minuten fest in Ihrer Mitte (Foto 25 a) – Lösen und Rücken entspannen.

Lösen der Widerstände als Verspannungen und Blockaden

Was hindert einen daran, sich der Freude am Leben, der Liebe und der Sexualität hinzugeben und dieses zu genießen? Es sind die Widerstände in einem.

Machen Sie die folgende Übung, um sich dessen bewußter zu werden:

Übung zur Lösung von Verspannungen

Schließen Sie langsam die geöffnete Hand. Spüren Sie dabei, wie die Hand sich mehr und mehr zu einer Faust zusammenballt. Am Anfang benötigen Sie dazu viel Energie. Nach einiger Zeit fällt es Ihnen kaum mehr auf, und doch kostet Sie dies unterbewußt viel an Kraft.

Stellen Sie sich nun unzählige dieser Widerstände als Verspannungen in Ihrem Organismus vor, und Sie begreifen, wieviel an Kraftaufwand es Sie kostet. Lassen Sie langsam los, und Sie merken, wie die kaum spürbare Verspannung in der Faust sich löst. Die Finger entspannen sich aber erst mit Ihrem gewollten Zutun. Dadurch erst fließt die dort

krampfartig gehaltene Energie als spürbares Wohlgefühl in den Organismus.

Zu den körperlichen kommen aber auch seelische und geistige Widerstände. Als Kleinkind bereits wurden einem diese durch Gebote und Verbote in die Wiege gelegt. Bestraft wurde man oftmals
durch Liebesentzug. Als Selbstbestrafung entwickeln diese Widerstände im späteren Leben eine
Eigendynamik, die unzählige körperliche, sexuelle
und seelische Blockaden in einem aufbauen und ein
enormes Kraftpotential verbrauchen. Dabei zapft
man sogar das Energiereservoir an.

Bedauerlicherweise bekommt man diese langsa-
me Selbstzerstörung gar nicht mit.

*Körperliche,
seelische und
geistige
Bestrafung führt
zu unzähligen
Blockaden*

Wie zeigt sich ein Widerstand? Am Anfang spürt
man ihn als Verspannung im Organismus. Man
kann sich dies bildlich so vorstellen: Ein Teil der Lebenskraft kapselt sich ab und trennt sich vom gewaltigen Urstrom. Langsam aber stetig bauen sich
im Laufe des Lebens unzählige Abkapselungen als
Blockaden auf.

Licht-Tantra hilft Ihnen, diese Widerstände
mehr und mehr in ein allgemeines Wohlgefühl aufzulösen. Es beginnt bei den körperlichen Verspannungen; Hand in Hand damit lösen sich auch sexuelle, seelische und geistige Blockaden auf. Dadurch
wird das Leben liebenswert, das Leid in Freude um-
gewandelt, und man findet zur sexuellen Erfüllung.
Die Gesundheit bleibt erhalten.

*Licht-Tantra hilft,
Blockaden in
allgemeines
Wohlgefühl
aufzulösen*

Partnermassage der drei Hauptenergiezentren

Um die Lebenskraft und Sexualität als gewaltigen energetischen Strom wieder in Fluß zu bringen, muß einem folgendes bewußt werden. Die unzähligen Abkapselungen zentrieren sich als Blockaden in den Gelenken und als Muskelverspannungen. Man wird ungelenkig, die Bewegungen unbeholfen. Nicht von ungefähr schmerzen einem die Gelenke und Muskeln, wenn man sich beispielsweise bei einer Grippe krank und zerschlagen fühlt. Um diese Gelenke und Muskeln für die Energie durchlässig zu machen, ist es wesentlich, sie liebevoll zu behandeln und richtig zu bewegen. Dadurch lösen sich die Verspannungen, und die Energie wiederbelebt nun alle Teile des Körpers.

Lebenskraft und Sexualität sind ein gewaltiger energetischer Strom

Die Gelenke bezeichnet man im Licht-Tantra auch als Nebenenergiezentren oder Tore zum Lebensstrom. Machen Sie nun mit Ihrem Partner folgende Massageübungen, um sich wieder für Ihr Energiepotential zu öffnen. Der passive Partner achtet darauf, sich in der Ausatmung zu entspannen und den Energiestrom zu spüren. Im Licht-Tantra gibt es drei Hauptzentren. Sie liegen im Becken, Herz und Schädelbereich. Man beginnt zuerst bei den Füßen und Beinen. Dadurch aktiviert man das unterste Energiezentrum im Becken, das Sexualzentrum.

Die Gelenke sind Nebenenergie-zentren

In Becken, Herz und Schädelbereich liegen die Hauptzentren des Licht-Tantra

Aktivierung des Sexualzentrums

1. Energiefluß in Füßen und Beinen (Foto 26 u. 27)

Auf dem Rücken liegend ein Bein anwinkeln, wobei das andere nach vorne gestreckt ist. Ihr Partner kniet sich neben Ihre Beine und legt eine Hand auf Ihren Oberschenkel. Mit der anderen Hand faßt er Ihre Ferse und legt die Hand sowie den Unterarm an die Fußsohle.

Foto 26

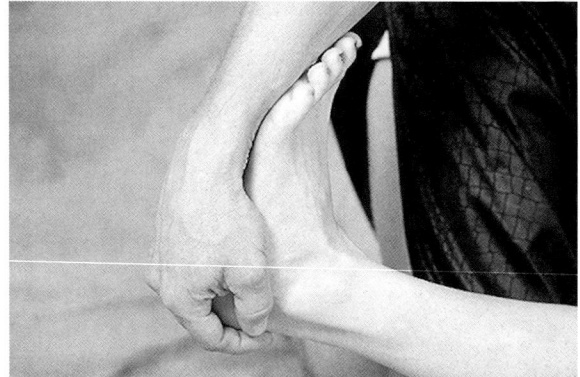

Foto 27

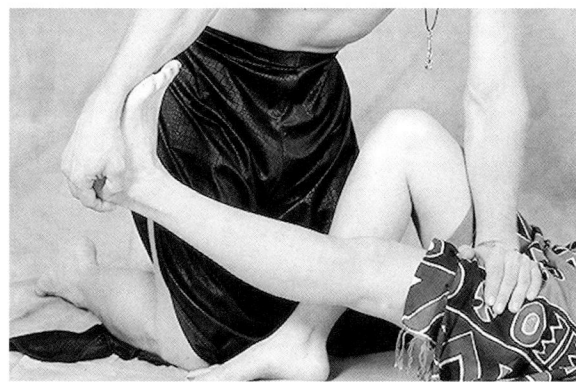

Partner-Übungen   Nun hebt er das durchgestreckte Bein ein wenig
an und übt mit seiner Hand einen leichten Druck
auf Ihren Oberschenkel aus. Zur gleichen Zeit
drückt er mit dem Unterarm gegen die Fußsohle des
nach oben gestreckten Beines und dehnt dabei den
gesammten Fuß in Ihre Richtung Beinwechsel.
     Legen Sie ein Bein leicht angewinkelt auf die
Schulter Ihres Partners (Foto 28). Ihr Partner verschränkt die Hände ineinander und legt sie auf
Ihren Oberschenkel.
     Ihr Partner drückt nun mit der Schulter gegen
Ihr Bein und übt zugleich einen Gegendruck mit

den Händen aus. Dadurch streckt sich Ihr Bein ein
wenig.
Achten Sie aber darauf, daß das Knie nicht über-
dehnt wird. Die Ausatmung erfolgt gleichzeitig mit
dem Druck.

2. Energiefluß im Becken

Sie winkeln die Beine an und stützen Ihre Fußsohlen auf die Knie Ihres Partners (Foto 29). Achten Sie
darauf, daß er soweit wie möglich herangeht. Ihr
Becken-Übung
Partner beugt sich nun nach unten und legt seine
Hände oberhalb Ihrer Knie an. Dabei drückt er Ihre Knie ein wenig zusammen .
Ihr Partner senkt sein Gesäß zu Boden, drückt
dabei Ihre Knie in seine Richtung, wodurch sich Ihre Knie anheben (Foto 30). Sie unterstützen ihn dabei, indem Sie Ihr Becken hochheben. Atmen Sie
dabei gemeinsam aus, und verharren Sie in dieser
Stellung einige ruhige Atemzüge lang. Ihr Partner
löst danach vorsichtig die Position, indem er Ihr
Becken in Richtung Boden senkt.
Sie setzen den rechten Fuß über das linke Knie,
strecken die Arme seitlich und drehen den Kopf
nach rechts (Foto 31).
Ihr Partner kniet daneben und legt seine Hände
auf das seitlich gedrehte Becken. Er drückt nun in
der gemeinsamen Ausatmung dagegen, wobei Sie
Ihr Becken und den Lendenbereich entspannen. –
Seitenwechsel.

Aktivierung des Herzzentrums

Durch die folgende Massage regt man den Energiestrom in Brust, Rücken- und Nackenbereich – das
Herzzentrum – an.

Foto 28

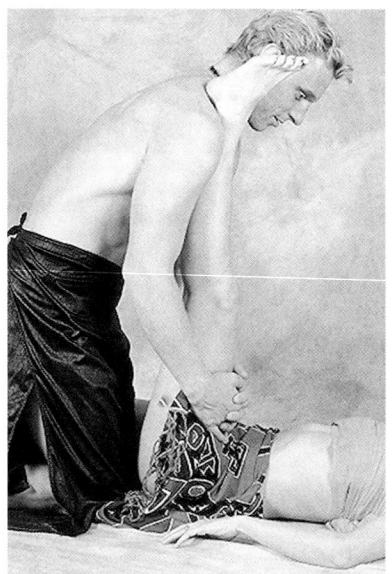

Foto 29

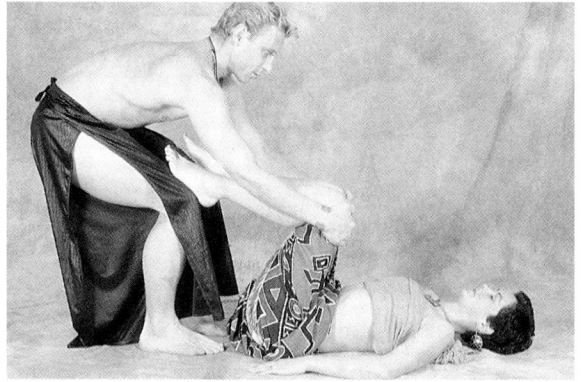

1. Energiefluß in Schulter- und oberem Rückenbereich

Partner-Übung　Winkeln Sie Ihr linkes Bein so ab, daß es mit der Fußsohle gegen die Innenseite Ihres rechten Oberschenkels drückt (Foto 32). Ihr Partner steht rechts neben Ihnen und setzt seinen rechten Fuß vorsichtig ein wenig oberhalb Ihres Knies auf. Fassen Sie sich beide an den linken Handgelenken.

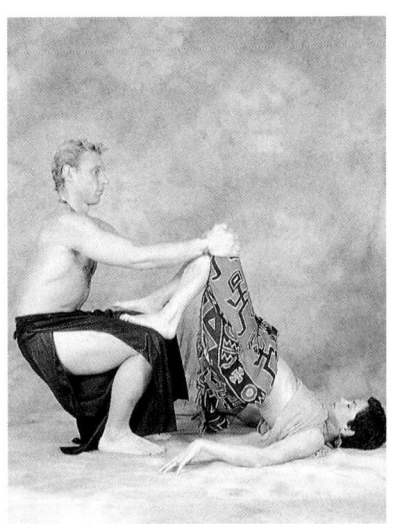

Foto 30

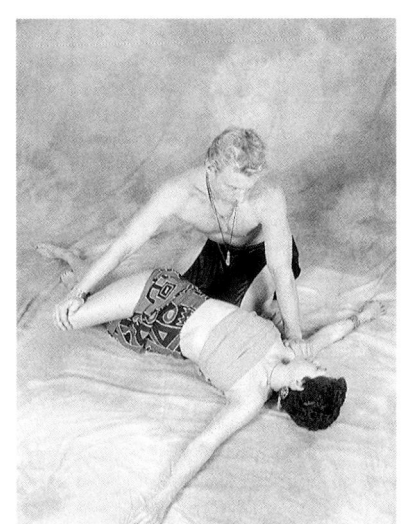

Foto 31

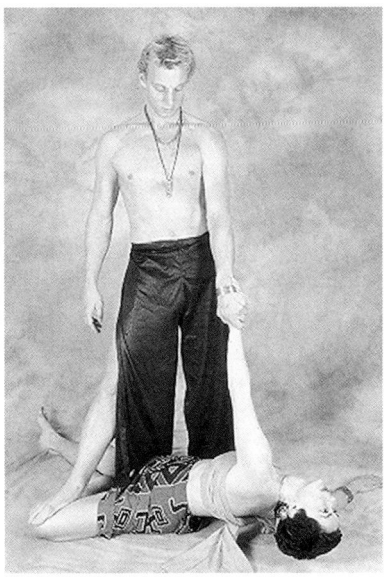

Foto 32

Foto 33

Foto 34

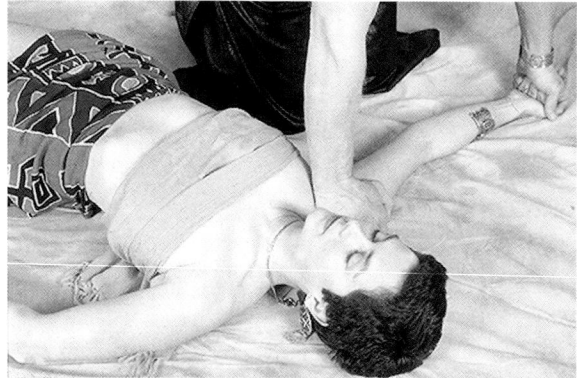

Foto 35

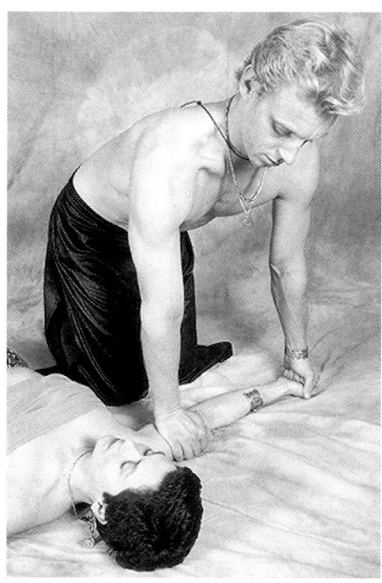

Partner-Übung auf   In der gemeinsamen Ausatmung hebt er Sie
dem Rücken liegend   hoch, wobei sie den Kopf nach unten baumeln lassen (Foro 32). Lösen, dann Hand- und Beinwechsel.
Sie liegen auf dem Rücken, kreuzen die Arme
und fassen einander an den Handgelenken (Foto 33).
Abwechselnd zieht er Sie zuerst am linken und dann
am rechten Arm. Sie entspannen sich dabei und lassen den Kopf nach unten baumeln. Zum Schluß hebt

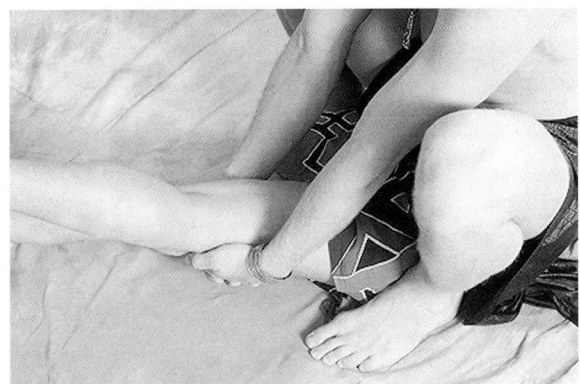

Foto 36

Ihr Partner Sie an beiden Armen hoch und schüttelt behutsam Ihren Oberkörper (Foto 33).

2. Energiefluß in Armen und Händen

Ihre Arme sind seitlich ausgebreitet. Ihr Partner kniet sich neben Ihren rechten Arm, und stützt die linke Faust in Ihre rechte Handfläche und die rechte Hand auf Ihre rechte Schulter (Foto 34).

Ihr Partner verlagert nun abwechselnd das Körpergewicht zur rechten und zur linken Hand. Seine rechte Hand wandert dabei in einer wiegenden Bewegung langsam über den Ober- und Unterarm zum Handgelenk. Er übt beim Ausatmen leichten Druck nach unten aus (Foto 35). Den Druck auf den Ellbogen spart er aus. Er arbeitet nur mit seinem Körpergewicht, indem er Arme und Schultern durchstreckt. Ist er beim Handgelenk angelangt, kann er wieder langsam mit wiegender Bewegung zurückgehen.

3. Energiefluß im Lenden- und Rückenbereich

Bei dieser Übung liegen Sie auf dem Bauch. Ihr Partner setzt sich auf Ihr Gesäß in der Höhe des Steißbeins. Er verschränkt die Finger und umfaßt mit beiden Händen Ihren Oberschenkel oberhalb des Knies (Foto 36).

Partner-Übung, auf dem Bauch liegend

Foto 37

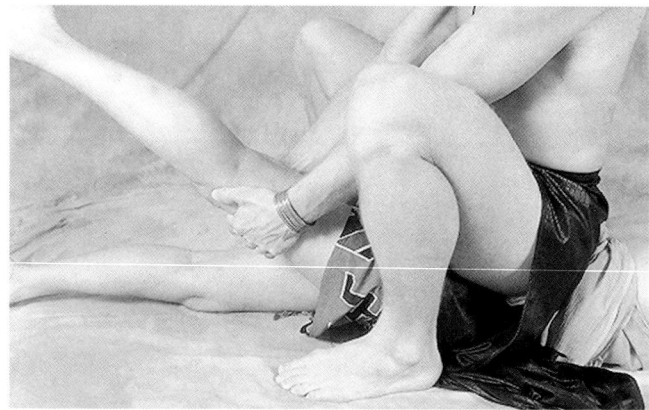

Foto 38

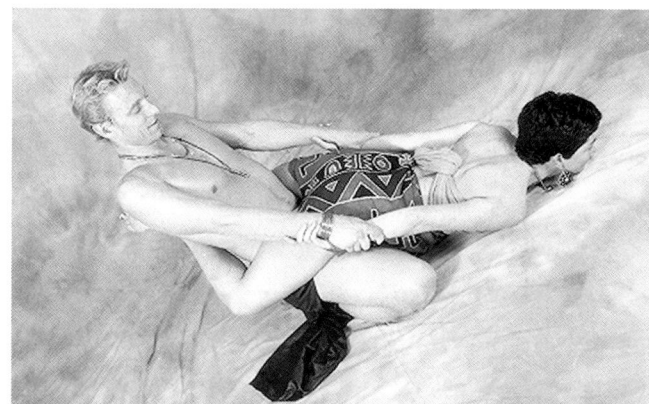

Foto 39

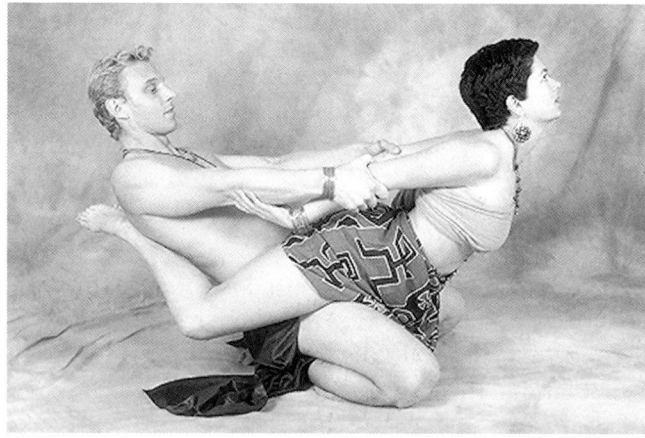

Er lehnt sich ein wenig nach rückwärts und zieht dabei Ihr Bein nach oben (Foto 37). Dabei atmen Sie gemeinsam aus. Lösen, dann Beinwechsel.

4. Energiefluß im Brustbereich

Auf den Fersen sitzend zieht Ihr Partner Sie auf seine Oberschenkel hoch, wobei sich Ihre Beine hinter seinem Rücken umklammern. Fassen Sie einander an den Handgelenken (Foto 38).

Übungen, auf dem Bauch liegend

Sie liegen dabei auf dem Bauch, und er hebt Sie in der gemeinsamen Ausatmung hoch. Vorsichtig dehnt er dabei Ihren Oberkörper nach rückwärts (Foto39). Lösen und entspannen.

5. Energiefluß im Rücken und in der Wirbelsäule

Sie liegen auf dem Bauch, wobei Ihre Stirn auf den Handrücken ruht. Ihr Partner stützt sich mit seinem gesamten Körpergewicht auf Ihren Rücken, wobei seine rechte Hand neben Ihrer Wirbelsäule am Ansatz des Gesäßes liegt (Foto 40). Die linke Hand liegt auf der anderen Seite der Wirbelsäule am Ansatz des Schulterblattes auf. Ihr Partner muß darauf achten, daß er sich nicht auf Knochen, sondern auf Weichstellen stützt. Im Spiel der wiegenden Verlagerung des gesamten Körpergewichts wandert er mit der linken Hand vom Schulterblatt langsam neben der Wirbelsäule abwärts zum Ansatz des Gesäßes (Foto 41). Seine Arme und Schultern sind dabei durchgestreckt. Der Druck erfolgt immer beim gemeinsamen Ausatmen. Danach wechselt er zur anderen Seite der Wirbelsäule.

Aktivierung des Schädels und des Gehirnzentrums

Aktivieren Sie schließlich das Zentrum im Nacken- und Schädelbereich. Öffnen Sie sich für den Energiestrom. Stellen Sie sich diesen als sich ausbreitendes Lichtermeer vor.

Foto 40

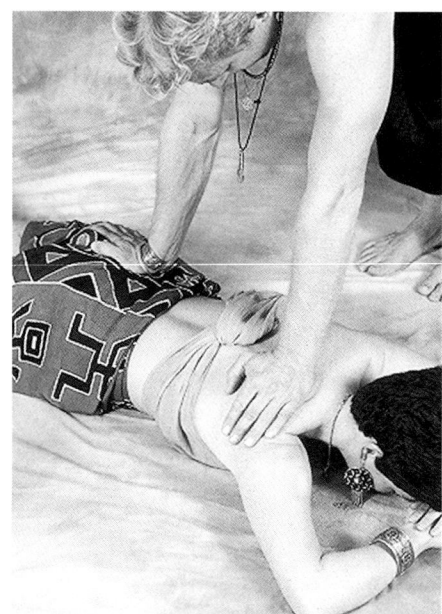

Foto 41

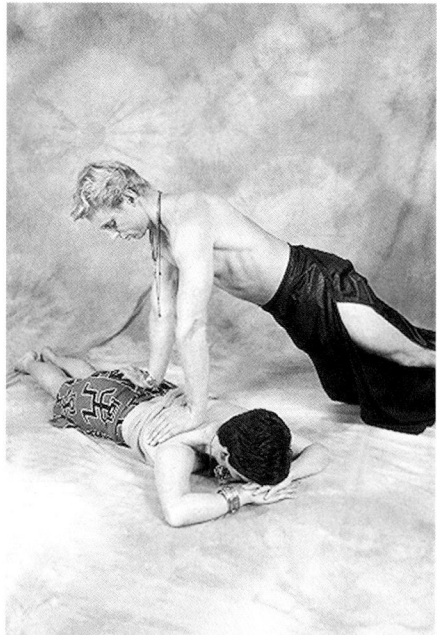

Foto 42

Energiefluß in Nacken und Schädel

Ihre Stirn liegt auf den Handrücken, wobei der Nacken ein wenig nach oben gewölbt ist.

Übungen, auf dem Bauch liegend

Ihr Partner setzt die Hände seitlich neben der Wirbelsäule im untersten Nackenbereich an. Er streicht mit festem Druck von unten nach oben zum Schädelansatz und weiter zu den Haaren (Foto 42).

Zum Schluß zieht er ein wenig an den Haaren an. Machen Sie die Übung einige Male.

Sie wiederholen nun alle Massageübungen an Ihrem Partner.

Obsidian – der Heil- und der Glücksstein

Im Licht-Tantra enthält der schwarze Obsidian die Heil- und Geistkräfte des Landes ›Mu‹ und deren Lichtwesen. Dieser Stein wird auch ›Krieger der Wahrheit‹ genannt. Er steht mit den unteren Energiezentren im Becken und Brustbereich in Verbindung. Diese Zentren werden der Materie, der Sexualität, den Emotionen und den Gefühlen zugeordnet.

Der schwere Obsidian enthält Heil- und Geistkräfte

Legen Sie sich nun auf den Rücken, und legen Sie den schwarzen Obsidian auf die Leistengegend oder auf den Bauch. Er wirkt wie ein Magnet, der die geistigen Kräfte in den Körper zieht, damit Sie durch den bewußten Willen für physische Handlungen genützt werden können.

Der schwere Obsidian symbolisiert unser Schattendasein, das Unbekannte

Der schwarze Obsidian ist der Meister unter den Lehrern, denn er lehrt die wahre Bedeutung der Farbe Schwarz. Er symbolisiert unsere Schattenseiten, das Unbekannte, und bildet den Gegenpol zu Weiß, dem Sichtbaren und Bekannten. Es sind Zwillingsseelen, die in enger Wechselbeziehung zueinander stehen. Dazwischen drückt sich das gesamte Farbpanorama und die Vielseitigkeit der eigenen Natur aus. Solange man die Farbe Schwarz mißversteht oder mißbraucht, hemmt man seine eigene Weiterentwicklung und verliert dadurch an Kraft und Energie.

Der schwarze Obsidian lehrt, Licht in die eigene verdunkelte Welt zu bringen

Auf einen Nenner gebracht, lehrt der schwarze Obsidian, wie man mehr Licht in die eigene verdunkelte Welt bringt. Er symbolisiert auch die Meisterschaft über die physische Ebene. In allen asiatischen Kampfsportarten drückt der ›Schwarze Gürtel‹ den höchsten erreichten Grad aus. Er bedeutet die Fähigkeit, das ›Chi‹ oder ›Prana‹ als kosmische Kraft richtig zu erden und spontan in geistige Kraft umzuwandeln. Deshalb gilt der schwarze Obsidian als energiegeladener Stein Lemuriens oder des Landes ›Mu‹. Er verdeutlicht, daß das ›Paradies‹ ein Geistzustand ist, den man in seinem physischen Körper auf der Erde erreichen kann.

Werden Sie sich dadurch, liebe Leser, bewußt, daß Sie sich selbst den Himmel auf der Erde schaffen können.

Sexualität und Liebesrezepte im Licht-Tantra

Die Kunst der Liebe und sexuelle Anregung durch ätherische Öle

Liebe und Sexualität sind eine kosmische Achse, um die sich alles im Leben dreht. Würdigt man dies nicht entsprechend, so schlägt es in Haß und Agression um. Die richtige Einstellung dazu beginnt bei einem selbst. Erst wenn man sich selbst liebt und sich als etwas Besonderes annimmt, kann man diese Liebe auf seinen Partner oder seine Mitmenschen übertragen. Darin liegt eine besondere Kraft. Sie überbrückt und verbindet alles miteinander. Wir alle sind ein Produkt davon.

Liebe und Sexualität sind eine kosmische Achse

Durch die Liebe und die sexuelle Vereinigung unserer Eltern wurden wir gezeugt und geboren. Welche enorme Sprengladung verbirgt sich in der Sexualenergie. Sie ist wahrlich göttlich, denn sie zaubert den Menschen körperlich, seelisch und geistig in diese Welt. Aus der jenseitigen, nicht erfaßbaren Dimension wird man hierher in die diesseitige Welt katapultiert. Es ist wie ein Zeitsprung aus ungeahnten Tiefen, aus welchen man wie auf einer Reise durch galaktische Universen seinen Fuß auf die Erde setzt. Aus diesem Grund wird in Licht-Tantra Sexualität und Liebe entsprechend verehrt.

Die Kunst der Liebe

Sexualität wird von manchen Menschen hauptsächlich mit dem Genitalbereich in Verbindung gebracht. Es ist wohl das Sexualorgan, doch ist dies nicht vom menschlichen Organismus getrennt. Als Teil vom Ganzen ist es deshalb genauso rein wie zum Beispiel der Mund. Nun werden Sie, liebe Leser, vielleicht den Kopf schütteln oder diese Aussage ein wenig lächerlich finden. Zu oft hat man uns bereits in der Kindheit oder im späteren Religionsunterricht beigebracht, daß das Sexualorgan etwas Unreines und Sündhaftes sei. Mein Religionslehrer sagte uns Kindern damals, daß Onanie zu schweren nervlichen und geistigen Schäden führt.

Beim Kind ist das Unterbewußtsein sehr aktiv und nimmt negative Botschafen voll in sich auf. Ein Kind ist sehr offen und vertrauensselig. Es hat noch nicht die Widerstände in sich aufgebaut, um sich vor Verletzungen oder Manipulationen zu schützen. Die früh gesammelten negativen Informationen entwickeln im späteren Leben eine Eigendynamik, die einem sehr schaden. Daraus entwickeln sich später sexuelle Probleme, und man begegnet der Sexualiät mit zwiespältigen Gefühlen. Einerseits ist man von der Vorstellung des ›sündhaften Trieblebens‹ angeregt, anderseits findet man sich, wenn man dies sexuell auslebt und Gefallen daran findet, danach schmutzig oder unmoralisch. Als Erbsünde wird dies wie ein Code von Generation zu Generation weitergegeben. Die Religionen und Moralisten schöpfen daraus ihre Macht über die Seele des Menschen. Nicht umsonst haben sie die Hölle und den Himmel erschaffen.

Früh gesammelte negative Informationen entwickeln im späteren Leben eine Eigendynamik

Ihnen allein die Schuld für alle Mißstände und Probleme zuzuschieben, wäre aber falsch. Licht-Tantra ist der Ansicht, daß man bei sich selbst beginnen muß und nicht nur darüber reden soll. Als Teil eines Ganzen kann man durch diese Einstellung

Problemlösung beginnt bei sich selbst

Enormes bewirken. Es verändert sich dadurch nicht nur das Umfeld, sondern auch das innere Bild über Spiritualität und Gott.

Veränderung beginnt über die Einstellung der Sexualität

Der Mensch ist ein Spiegelbild Gottes und umgekehrt. Auch das Göttliche kann von uns etwas annehmen. Es ist genausowenig unveränderbar und absolut wie der Mensch.

Die Veränderung beginnt im Licht-Tantra über die Einstellung zur Sexualität. Der Körper ist ein Tempel des Göttlichen und dazu gehört auch das Sexualorgan.

Pflege des Sexualorgans

Wie man das Innere des Mundes, die Zähne und die Zunge von Speiseresten befreit, so soll man auch auf die Pflege des Sexualorgans bedacht sein. Beim Mann bilden und lagern sich zum Beispiel hinter der Eichelvorhaut Bakterien ab. Deshalb sollte er nach dem Urinieren oder dem sexuellen Verkehr diese Stelle unter fließendem Wasser reinigen. Sonst bildet sich dort übler Geruch, welcher, wie zum Beispiel Mundgeruch auch, für die Sexualpartnerin nicht angenehm oder lustfördernd ist. Viele Unterleibserkrankungen der Frauen beruhen auf einer schlechten Reinigung des männlichen Sexualorgans.

Gegen Impotenz oder Errektionsschwierigkeiten beim Mann hilft folgendes: Duschen Sie mit einem nicht zu starken Strahl die Eichel und die Hoden zweimal am Tag jeweils eine Minute ab. Der Genitalbereich wird dadurch stärker durchblutet und damit auch hormonell aktiviert.

Gottgefälligkeit der Erotik

Der Orient gilt seit Jahrtausenden als die Oase der Seligkeit. Selbst der Islam war anfangs der Frau, der Liebe und der Sexualität sehr gesonnen. Er betrachtete die Erotik als gottgefällig, und Zärtlichkeiten waren dem Mann eine heilige Pflicht. In jener Zeit verfaßte Scheich Omar Ibn Mohammed al-Nefzavi sogar ein Buch über die Erotik. Die heutige orthodoxe Gruppe des Islam würde ihn dafür sicherlich mit dem Tode bestrafen. Dieses erotische Werk hieß ›Der duftende Garten‹ und beschrieb, ähnlich wie das indische ›Kamasutra‹, die zahlreichen Liebespositionen und Liebesvariationen.

Sogar der Prophet des Islam, Mohammed, liebte und verehrte die Frau und damit auch die lustvolle Umarmung mit ihr. Für ihn war es ein heiliger Akt, der zur vollkommensten Gottesversenkung führt. Er meinte zur Problematik der Impotenz folgendes: »Am besten schützt sich der Mann davor, indem er das Glied und die Hoden öfters massiert oder mit einer Feder zärtlich berührt.« Er wußte also gut Bescheid, und die heutigen Männer könnten einiges von ihm lernen. Zunächst einmal muß der Mann eine sensiblere Einstellung zu seinem Sexualorgan gewinnen. Es ist nicht nur für die Ausscheidung des Urins oder als Werkzeug zum Geschlechtsverkehr da. Nicht von ungefähr galt es in den alten Kulturen als Symbol für Stärke, Macht und Spiritualität. Deshalb sollte man es besonders behandeln und eine offene Einstellung und Zuneigung dazu entwickeln. Übler Geruch und Machogehabe zeugen nicht von wahrer Männlichkeit und Potenz. Steht man zu seiner Männlichkeit, dann kann man auch die weibliche Seite zulassen, ohne gleich als ›Softie‹ zu gelten. All dies hat mit Bewußtsein und seiner eigenen Wahrheit zu tun. Für einen wahren Mann ist die eigene Befriedigung weniger wichtig, als durch das gesteigerte Lustempfinden die Partnerin vollkommen zu beglücken.

Auch der Prophet Mohamed achtete auf die Reinheit und einen angenehmen Duft seines Sexualorgans. Er wusch die Scham mit Rosen- oder Myrtenwasser und parfümierte sie mit Moschus.

In unserer heutigen Zeit gibt es unzählige Männerdüfte, die nicht nur als Rasierwasser gedacht sind. Man kann aber auch bestimmte anregende

Mohammed liebte und verehrte die Frau

Das Sexualorgan galt in alten Kulturen als Symbol für Stärke, Macht und Spititualität

*Belebende Parfüms
und Körperöle für
den Mann*

ätherische Öle verwenden. Sie sollten in geringsten, kaum über den Geruch wahrgenommenen Mengen angewendet werden.

Ein ›Unwiderstehlichkeitsparfum‹, erwähnt in alten Quellen des Licht-Tantra, besteht aus Moschus, Ambra und Zibetessenz. Diese werden zu gleichen Teilen miteinander vermischt, mit Alkohol verdünnt, wobei man ein wenig Jojobaöl beimengt. Männer und Frauen reiben diese Essenz in minimalster Dosis in die Scham ein. Dadurch wird der stimulierende Duft nicht mehr wahrnehmbar und wirkt auf der Ebene des Unterbewußtseins.

Ein die Sinne belebendes Körperöl für den Mann zum Selbermachen: Mischen Sie 50 ml Jojobaöl mit vier Tropfen Bergamotteöl, vier Tropfen Rosenholzöl, drei Tropfen Sandelholzöl, einem Tropfen Zedernöl und zwei Tropfen Zitronenöl. Füllen Sie die Zutaten in ein Fläschen, und schütteln Sie es gut. Massieren Sie damit Ihren Körper einschließlich der Hoden und des Penis. Sie werden dadurch stärker durchblutet, und die Potenz wird aktiviert. Nur wirklich reine und hochwertige ätherische Öle besitzen die Fähigkeit zur Heilung von Impotenz oder zur stimulierenden Wirkung auf das andere Geschlecht. Man kann sie in geringen Mengen sogar in Getränke wie zum Beispiel Wein, Kaffee, Tee oder als Gewürz ln Speisen geben. Die wertvollsten Düfte zur Liebesanregung wie zum Beispiel Amber sind aber nun, in Kristallen oder Harzen erhältlich. Diese müssen Sie mit Alkohol verdünnen und – zur Vermeidung von Schleimhautreizungen – Jojobaöl beigeben.

Ätherische Öle zur Liebesanregung für Frau und Mann

Ylang-Ylang: Es ist ein betörend süßer, orientalischer Duft. Es wirkt potenzfördernd und sexuell stimulierend.

Sandelholz: Erotisierend wirkt es durch seinen samtig-warmen Holzduft.

Rose: Es kultiviert die Liebeskunst und verlockt zu sinnlichen Genüssen.

Zimt: Als Duft mit samtigem Charakter regt es zum Träumen an und wirkt sinnlich erotisch.

Nelke: Als kräftiger, süßwürziger Duft wirkt es sexuell anregend.

Jasmin: Durch seinen femininen, blumig-süßen Duft regt es zur Fantasie an.

Geranium: Es ist ein schwerer, warmer Duft mit heller Rosennote, der anregend und belebend wirkt.

Bohnenkraut: Bei stärkerer Dosierung regt es das Sexualzentrum an.

Orange: Es wirkt sinnlich anregend durch seinen fruchtig-süßen Zitrusduft.

Niaouli: Durch seinen bezaubernden Duft erweckt es Leidenschaften, macht selbstvergessen und hingebungsvoll.

Ätherische Öle zur Liebesanregung für Mann und Frau

Zur Liebesanregung mischen Sie folgendes Rezept:
  Nehmen Sie einen Liter Weißwein, und geben Sie vier Gewürznelken, einen Tropfen absolut reines Ylang-Ylangöl, drei Tropfen Orangenöl sowie etwas Rosenwasser dazu. Je nach Geschmack mit Honig süßen. Lassen Sie dieses Gemisch acht Stunden ziehen, und trinken Sie davon täglich ein Likörglas voll.

Liebespositionen im Licht-Tantra

Im Licht-Tantra wird hervorgehoben, daß der Mann die Frau mit der Seligkeit auf Erden beglücken solle, nämlich mit einer starken Erektion. Im Licht-Tantra sagt man, daß die Einförmigkeit und Eintönigkeit in der Sexualität zu Übersättigung führt. Daraus entwickelt sich Gleichgültigkeit und zum Schluß gar Abneigung gegen das Spiel der Liebe. Damit dies nicht passiert, sollte man kreativ in allen sexuellen Bereichen sein. Dies schließt natürlich die verschiedensten Sexualpositionen mit ein. Energetisch wirken sie unterschiedlich auf das Lustempfinden und die erogenen Zonen.

Kreativität in allen sexuellen Bereichen

In den Rückwärtspositionen befindet sich der Mann hinter der Frau. Dadurch dringt sein Penis tiefer in die Scheide der Frau ein, der einen lustvollen Reiz auf den Muttermund ausübt. Durch sanftes Streicheln oder Massage der vorderen Körperseite erkundet der Mann die erogenen Zonen seiner Partnerin. Je liebevoller und zärtlicher der Liebhaber diese Kunst beherrscht, desto heftiger entflammt die Leidenschaft seiner Geliebten.

Lustzentren der Frau

Besondere Lustzonen befinden sich am Innenohr oder dem Ohrläppchen, an Nacken und Hals, den Brüsten, dem Bauch, den Leisten sowie den Innenseiten der Oberschenkel. Die Frau reagiert mit raschem Atmen, zitternden Lippen und mit fordernden Bewegungen. Es ist wahrlich eine unerschöpfliche Entdeckungsreise zur Quelle der Lust, in der sich das aktive und passive Geschehen wie von selbst wandelt.

Die Frau bestimmt die Tiefe der Liebesstöße

Setzt sich die Geliebte rittlings auf sein erigiertes Glied, so kann sie ihm zu- oder abgewandt sein. Dabei umschließt sie ihn fest mit ihrer Liebesgrotte und bestimmt dadurch die Tiefe der Liebesstöße. Ihre Klitoris reibt sich in lustvoller Berührung an

Rückwärtspositionen

Rückwärtspositionen

Rückwärtsposition

Zugewandte Position

der Eichel seines Phallus. Beherrscht sie dieses gekonnte Spiel, dann vertieft sich die Kontraktion ihrer Vaginalmuskeln von der Klitoris bis zum Muttermund. In den auf- und abschwellenden Phasen der Orgasmen schenkt sie nicht nur sich, sondern auch ihrem Geliebten paradiesische Genüsse. Als Initiatorin der Liebe im Licht-Tantra, massiert und saugt sie mit ihrer Vagina sein Glied vom Schaft bis zur Eichel. Sie achtet darauf, das Feuer des Mannes nicht durch eine vorzeitige Ejakulation zu löschen.

Der sexuelle Höhepunkt vertieft sich in Ganzkörperempfinden

Dies geschieht am besten, indem sie im Kreisen ihres Beckens innehält und ihre Lustgrotte sich nach oben zur Eichel ihres Geliebten zurückzieht. Dadurch erregt sie selbst ihren G-Punkt und schenkt ihrem Liebhaber die Nässe ihrer Wonne. Sie streichelt, massiert und erkundet zugleich die erogenen Zonen des Mannes, welche an den Oberschenkeln, den Leisten und im Brustbereich liegen. Wie von selbst vertieft sich durch diese lustvolle Berührung der sexuelle Höhepunkt in ein Ganzkörperempfinden.

Vollkommene Herzenswärme

Sie kann das Liebesspiel, solange es ihr gefällt in die Länge dehnen. In diesem sexuellen Liebesspiel wandelt sich im Herzschlag beider die sexuelle Gier und der Rausch aller lustvollen Vorstellungen in alle erdenklichen Sinnesfähigkeiten und vollkommene Herzenswärme um. Harmonisch fließt alles ineinander und pulsiert in gemeisamem Schwingen und Vibrieren.

Vollkommene Verschmelzung der Partner

Um vollkommen ineinander zu verschmelzen, legen die Partner sich nun von Angesicht zu Angesicht zueinander. In den tiefen Liebesstößen und dem Aneinanderreiben ihrer Scham berührt und drückt man sich gegenseitig am Gesäß, dem Rücken oder der Wirbelsäule. In den auf- und abwallenden sexuellen Höhepunkten verschmelzen die Blicke wie das Ich und Du ineinander.

Von Angesicht zu Angesicht

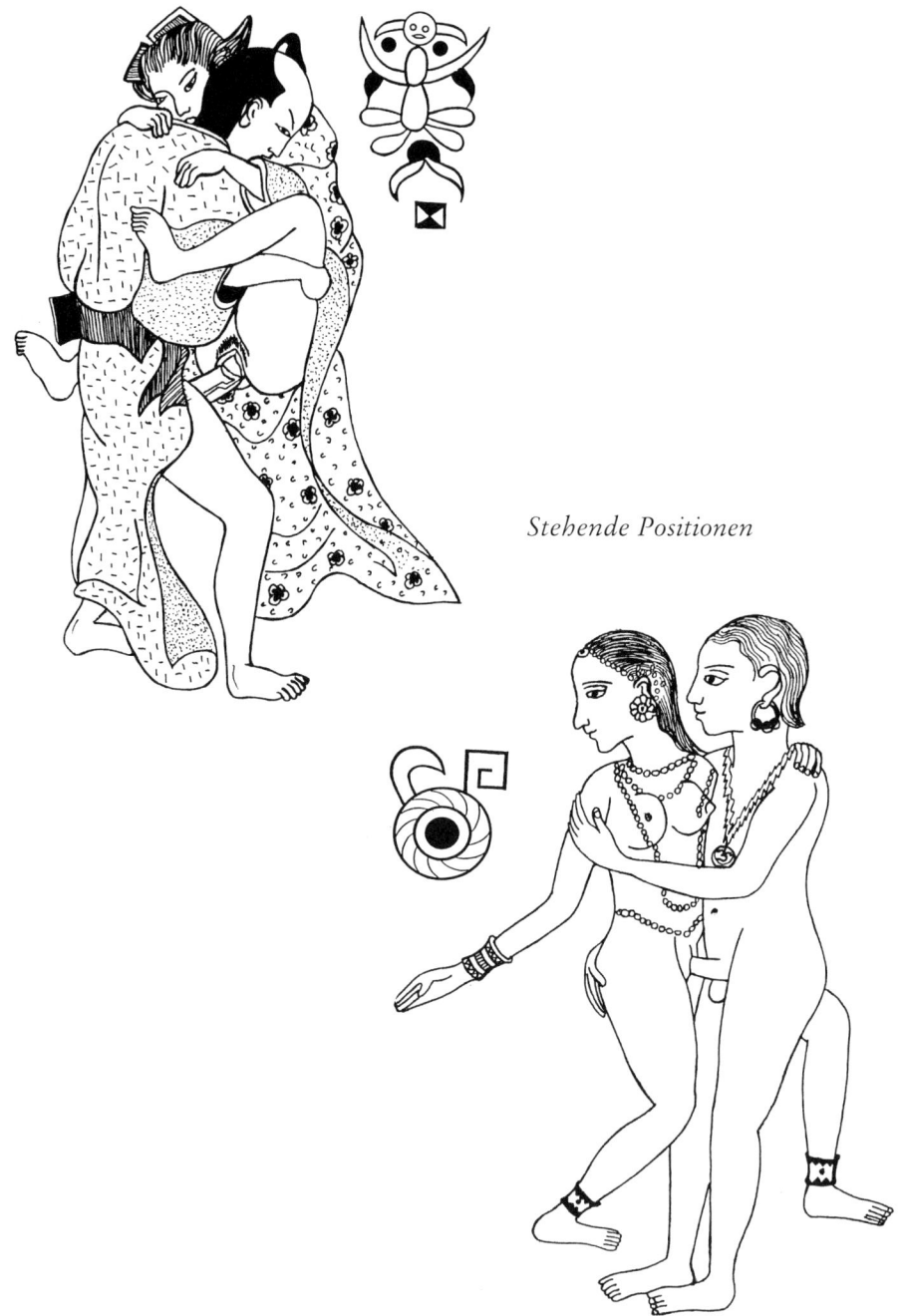

Stehende Positionen

Der Kreativität der Liebespositionen und Varia- *Aus Liebe*
tionen sind keine Grenzen gesetzt. Man kann die se- *entsteht Liebe*
xuelle Vereinigung auch im Stehen vollziehen und
die Körper wie Blumen aneinanderschmiegen. Aus
Liebe entsteht Liebe, und Lust gebiert Lust. Dies ist
die Kunst der Sexualität und Liebe im Licht-Tantra.

Aphrodisiaka und Liebesrezepte

Man kann auch in Stunden der Liebe und Hingabe
ein Aphrodisiakum, ein sexuelles Anregungsmittel,
verwenden.

In den alten Kulturen wurden Aphrodisiaka als *Verwendung von*
Droge hauptsächlich bei Festen oder Ritualen an *Aphrodisiaka bei*
bestimmten Tagen verwendet. In unserer Kultur *Römern und*
gibt es wohl Festtage zum Gedenken an Heilige, be- *Ägyptern*
deutsame Begebenheiten im Leben Christi oder
Staatsfeiertage. Einen Tag, der ausschließlich der
Liebe und Sexualität gewidmet wäre, den gibt es
aber nicht. In Asien, Amerika und sogar in unseren
Breitengraden war das einmal anders. Bei den alten
Römern gab es zum Beispiel die ›Wolfsfeste‹ oder
›Lupercalien‹, bei denen in orgiastischer Weise Pan,
der Fruchtbarkeitsgott, mit seinen Gespielinnen,
den Nymphen, geehrt wurde. Zu diesem sinnlichen
Fest der Liebe verkauften ältere, efeubekränzte
Frauen in den Straßen Roms Honigkuchen oder das
begehrte amatoria. Dieses ›Liebeswasser‹ wurde aus
Frauenhaarfarn und einer Mischung von Pastinak
und Bohnenkraut hergestellt.
　　Die alten Ägypter hatten im Granatapfel eine anregende Wirkung entdeckt und tranken deshalb zu
ihren Fruchtbarkeitsfesten Granatapfelwein. Selbst
die Bibel weiß davon. Eva verführte Adam mit einem Granatapfel.

Ägypten galt damals als das Land der sexuellen Unbefangenheit. Lust und Liebe bedeuteten den alten Ägyptern die Essenz des Daseins. Sie bezeichneten die Strauchpflanze Kat als Schlüssel zum Paradies. Heute noch bedient man sich ihrer in Jemen und Äthopien. Katblätter werden mit Milch und Honig vermischt, mit Kaffee getrunken, als Süßigkeit gegessen oder mit Tabak geraucht.

Auch im alten Griechenland gab man sich gerne der sexuellen Leidenschaft hin. Die Griechen und Griechinnen waren sehr freizügig in in der Erotik und allen erdenklichen Sinnesgelüsten. Was den Göttern gestattet war, das erlaubten sich auch die Menschen. Ihre Liebesgöttin Aphrodite brachte ihnen dazu den Nektar der Götter. Dieser ›Trank der Leidenschaft‹ bestand aus Minze, Quitten und Granatäpfeln. Im Dionysoskult wiederum huldigten die alten Griechen dem schönen Pan und seinen ekstatischen Nymphen. Ihr Aphrodisiakum nannten sie ›Blut der Erde‹ – Wein der mit Kräutern wie Wacholder, Thymian, Wermut, Myrte und Zypressen aromatisiert war. Zahllose Legenden ranken sich um diesen Kult der Ekstase. Gott Dionysos wurde als schöner Pan mit Hörner auf der Stirn dargestellt. Er spielte, ähnlich wie Gott Krishna in Indien, für seine Nymphen Liebeslieder auf der Flöte. Sein aromatisierter Wein beinhaltete aber auch besondere Zutaten, die nicht zu empfehlen sind. Diese Zutaten bestanden aus Bilsenkraut, Alraune, Stechapfel, Weihrauch und Oleander. Dazu kam Krokusöl, und das Ganze wurde mit Wein verdünnt. Das war wohl auch nötig, denn sonst wäre dieser Trank absolut tödlich gewesen oder hätte zumindestens in den Wahnsinn getrieben. Er wirkte aber nicht nur als Aphrodisiakum, sondern galt auch als die ›berühmte Blume‹. Durch sie erfuhr man die Gnade, sich mit Gott Dionysos zu vereinen.

*In Griechenland
huldigte man
mittels Ritualen
und
Kulthandlungen
der Erotik*

Ähnlich starke Drogen kannten auch die Hexen im Mittelalter. Als die katholische Kirche aus dem Gott Pan einen mit Pferdefuß hinkenden Satan kreierte, brach das Zeitalter der Finsternis an. Aus den Nymphen, der heiligen Schar der Priesterinnen, wurden Hexen. Für ihren Kampf um die Gleichberechtigung der Frau bestrafte man sie durch qualvolle Verstümmelung und verbrannte sie auf Scheiterhaufen. Immerhin betraf dieser Holocaust sechs Millionen Frauen.

Mit Hexen bringt man meist die berühmte Flugsalbe in Verbindung. Sie bestand aus Haschisch, Bilsenkraut, Stechapfel, Tollkirsche, Hanf, Kalmus und Mohnblüten. Die sogenannten ›weisen Frauen‹ vermengten alles mit tierischem Fett und massierten es in die Haut ein, zum Beispiel in die Schläfen, hinter die Ohren, in die Achselhöhlen oder in die Scham. Als Schamaninnen bereisten sie dann für normale Sterbliche nicht zugängliche Welten. Es waren wahrlich besondere Frauen, die sich durch enormes Wissen und innere Kraft hervorhoben.

Schamaninnen des Mittelalters hatten enormes Wissen und innere Kraft

Aphrodisiaka verwendete man in allen Erdteilen und bei den verschiedensten Kulturen. Auf den Antillen oder in Australien verwendete man Pflanzen aus der Familie der Wolfsmilchgewächse. Die geraspelte Rinde wurde in Rum eingeweicht. Der Trank steigere die Potenz und garantierte eine langanhaltende Erektion. In Nordamerika verwendeten die Indianer eine Mischung aus Wurzelpulver der Blauen Lobelie, Schafgabensaft, amerikanischem Ginseng und Samen des wilden Akelei. Der Akeleisamen wirkte bereits durch den bloßen Kontakt mit der Haut aphrodisierend. Zu einem feinen Pulver zerrieben, bestäubte man damit die Handflächen und berührte im sexuellen Vorspiel die erogenen Zonen mit dem Zauberpulver. Am Amazonas benutzten die Indianer die Yage-Liane. Ein ca. 15 cm langes Lia-

Die Verwendung von Aphrodisiaka in allen Erdteilen

nenstück wurde acht Stunden lang gekocht und daraus der Yaga-Trank gemixt. Trank man es, dann erlebte man farbenprächtige Visionen und Gefühle des Schwebens und Fliegens. In kleineren Dosen angewendet, wirkte es sexuell stimulierend.

Der Orient ist nach wie vor Zentrum der Erotik

Sogar die Kakaobohne gehört zu den Aphrodisiaka. Für die Atzteken war sie nicht nur ein Zahlungsmittel, sondern sie bereiteten daraus ein sexuell stimulierenden Anregungsmittel. Die Kakaobohnen aus dem breitsamigen wilden Kakao wurden dazu auf Tonplatten geröstet, zusammen mit Maiskörnern gemahlen und in Wasser zum Quellen gebracht. Kakao wirkt nach modernen Untersuchungen stimulierend auf das Nervensystem und damit auch auf die Sexualität.

Das Zentrum der Erotik war und ist der Orient. Wohl konnte dort der Mann mehrere Ehefrauen haben, doch mußte er für sie auch sexuell und finanziell aufkommen. Um seine Potenz zu stärken, nahm er täglich ein Glas dickflüssigen Honig, 20 Mandeln sowie 100 Samenkörner der Pinienbohne zu sich. Es gab aber auch die berühmte ›Fröhlichkeitspille‹. In kleinen Döschen bewahrten es die Orientalen, Männer wie Frauen, immer griffbereit bei sich auf. Die Fröhlichkeitspille bestand aus Stechapfelblättern, Rohopium, Haschisch, Gewürznelken, Moschus, Safran, Ambra und Honig. Das Gemüt wurde dadurch heiter und verführte zu erotischen Abenteuern.

Luxussklaven für die erotischen Wünsche der Frauen

Ursprünglich verhüllten die Frauen im Islam nicht wie heute das Gesicht, und ihre Brüste waren nur mit einem durchsichtigen Schleier bedeckt. In Sachen Liebe waren die Frauen den Männern gleichgestellt. Ihre Männer kauften ihnen Luxussklaven aus allen Teilen der Welt, um sie im wahrsten Sinne des Wortes zu verwöhnen. Als Sklaven wurden die schönsten Knaben ausgewählt, die dann in Gesang, Musik und Poesie unterrichtet wurden. Später wurden daraus die Eunuchen. Zunächst aber trennte man ihnen nur die Samenleiter durch und nahm ihnen die Zeugungskraft. Erst viel später schnitt man ihnen die Hoden ab, um sie zu entmannen. Dadurch blieb ihnen die knabenhaft anmutige Gestalt, das feminine Gesicht und die Stimme sowie das Gehabe einer Frau. Auch in Europa kastrierte man Knaben, um sie zu Sopran-Sängern auszubilden. Sie waren, wie Farinelli am spanischen Königshof, hochangesehen und als Liebhaber unter den adeligen Frauen begehrt. Kein Mann sah in einem Eunuchen einen Nebenbuhler.

Die begehrteste Pille bei Haremsdamen bestand aus einer Mischung aus Honig, süßen Mandeln, Haschisch und aus der spanischen Fliege – einem pulverisierten getrockneten Ölkäfer. Im 12. Jahrhundert n. Chr. kam diese Droge mit den Zigeunern nach Europa. In kürzester Zeit avancierte sie auch hier wegen ihrer nachhaltigen psychotropen Wirkung zum begehrtesten Aphrodisiakum.

Erotikpille aus Honig, süßen Mandeln, Haschisch und der Spanischen Fliege

Die Rauschwirkung bestimmter Pflanzen kann auf das Nervensystem an- oder abregend wirken. Sie wirken auch auf bestimmte Hemm- und Reizschwellen im Gehirn. Schamanen, Priester oder Medizinmänner verwandten die Drogen in hohen Dosen, um über den so hervorgerufenen Zustand der Trance mit ihren Geistern oder Göttern in Berührung zu kommen. In unserer heutigen Gesellschaft konsumiert man Drogen hauptsächlich, um mit seinem Leben einigermaßen zu Recht zu kommen. Manche wollen dadurch auch der täglichen Langeweile oder dem Streß entfliehen oder sich mit Beruhigungs- oder Schlaftabletten selbst therapieren. All dies ist kompletter Unsinn und führt zu Sucht und totaler Abhängigkeit.

Drogenkonsum gegen Streß oder Langeweile führt zu Sucht und Abhängigkeit

*Fasten,
Meditation und
Trancetanz
fördern die
Visionskraft*

Bei Schamanen oder Medizinmännern war das anders. Sie bereiteten sich durch Fasten, Meditation oder Trancetanz auf die Reise vor, zu der die heilige Droge verhalf. Erst dann nahm man sie ein, um, wie zum Beispiel bei den Indianern, die Visionskraft oder übersinnliche Fähigkeiten in bestimmten Ritualen zu stärken.

Bei leichterer Dosierung wirken bestimmte anregende Drogen sexuell stimulierend. Der Kontakt zu den erogenen Zonen wird stärker, und die damit verbundenen Lustzentren werden aktiviert.

*Liebeselixiere
und
Aphrodisiaka
verändern die
sexuelle
Erlebnis-
bereitschaft*

Liebeselixiere und Aphrodisiaka verstärken und verändern aber auch die sexuelle Erlebnisbereitschaft. Sie erweitern das sexuelle Verhalten durch gezielte Luststeigerung und die Miteinbeziehung des ganzheitlichen sinnlich-erogenen Empfindens. Es wird nicht nur der Sexualtrieb, sondern auch die Erektionsfähigkeit und vaginale Sekretion verstärkt. Durch die aktivierte Blutzufuhr vergrößert und erweitert sich der Penis und verengt sich die Vagina. Die Aneinanderreibung beider Geschlechtsteile ist intensiver, erotisiert die Haut und verfeinert die Sinne. Die Gefühlswelt bereichert sich durch den Abbau von Hemmungen. Andererseits wird die Ejakulation oder der Orgasmus verzögert, wobei der sexuelle Höhepunkt länger genossen werden kann. Es stellt sich auch eine Entkrampfung des Unterleibes und des Analbereiches ein. Die Fruchtbarkeit und die Samenproduktion werden verstärkt aktiviert.

*Yohimbin ist ein
medizinisches
Aphrodisiakum*

Als medizinisch anerkanntes Aphrodisiakum unserer Zeit gilt das Yohimbin. Das hochwirksame Alkaloid wird aus der Rinde des afrikanischen Yohimbinbaumes gewonnen. Vor Jahrtausenden verwendeten es die dortigen Schamanen und Medizinmänner als Heilmittel gegen Impotenz,

Prostataerkrankungen, Blasen- und Menstruations-
beschwerden. Es stärkt nicht nur den Geschlechts-
trieb, sondern verändert auch die sexuelle Erlebnisbereitschaft. Das Yohimbin erhält man heute aber
nur durch ärztliche Verschreibung. Man kann es als
Pille einnehmen oder einen Tee aus der Rinde zube-
reiten. Manche Stämme Westafrikas vermischen das
Yohimbin mit Iboga und der Kolanuß. Die Kraft dieser Mischung ist so stark, daß sie nur bei bestimmten
Ritualen erlaubt ist. Yohimbin bewirkt die verstärkte
Durchblutung des Beckens- und Genitalbereiches
und regt dadurch die sexuelle Aktivität an.

Die sexuelle Anziehung zwischen den Geschlechtern

Das stärkste Aphrodisiakum ist im Licht-Tantra
aber die Anziehung zwischen den Geschlechtern.
Dazu gehören natürlich, wie schon vorher erwähnt,
auch die Geschlechtsteile. Im Licht-Tantra ver-
spricht die weibliche Scham das Paradies für den
Mann. Durch die Enge der Scheide bringt sie ihn
zur höchsten Erregung.

Anziehung zwischen den Geschlechtern ist das stärkste Aphrodisiakum

    Um sie zu verengen, löst man Salz in Wasser auf
und wäscht die Scham damit. Im Licht-Tantra ent-
haaren die Frauen teilweise ihre Scham und pflegen
sie mit Wohlgerüchen. Natur hin, Natur her, eine
wildwuchernde Schambehaarung verhüllt die Reize
des Tores zur Lust. Eine sinnliche Frau sollte Gefallen an ihrer Vulva finden und sich vor einem Spiegel von deren Schönheit überzeugen. Sie ist fleischig
und wohlgeformt. Ihre Lippen sind wie die Blüten
einer Blume und die Ränder schön gerundet. Der
Spalt ist fest verschlossen und verbirgt den Zugang
zum Inneren der Vagina. Die Scheide ist weich, ver-
führerisch und vollkommen. Voller Feuer verströmt
sie einen verführerischen Duft.

Störenden Geruch beseitigt man durch Rosen-
oder Myrtenwasser. Den Duft der Scheide versüs-
sen die Frauen mit Moschuswein. Dafür kann man
jedes beliebige anregende ätherische Öl, mit Jojobaöl vermischt, verwenden.

Enthüllt wird die Schönheit einer Vulva durch
teilweise Enthaarung. Ein rasiertes Dreieck oder eine
Linie auf der Scham verzaubert den Mann und zieht
seine Blicke auf die Wonne der Liebe, die Vulva.

Der Genitalbereich des Menschen

Der Genitalbereich besteht aus Muskeln, die ohne
Zuwendung und Aktivität erschlaffen. Dies führt
im extremen Fall soweit, daß der Urin oder Stuhl-
gang nicht mehr restlos gehalten werden kann.

Je älter man wird, desto mehr verlieren diese
Muskeln ihre eigentliche Funktion. Aber auch bei
jungen Menschen gibt es schon Probleme, die sich
durch eine teilweise Erschlaffung der Genitalmuskeln zeigen und zur Impotenz oder Frigidität
führen. Der oft ausgeübte Sexualverkehr ist dafür
auch nur eine unbefriedigende Lösung.

Das Wissen bezüglich einer gesunden Sexualität ist enorm wichtig

Viele Menschen meinen, daß sie bezüglich einer
gesunden Sexualität alles wissen, denn es sei schließlich das Natürlichste der Welt. Ich habe da so meine
Zweifel. Zum Beispiel wissen die wenigsten, daß der
Penis weiter als von der Eichel bis zum Schaftende
reicht. Der Penisschaft verlängert sich zwischen den
Hoden hindurch zum Anus. Es gibt sogar noch einen verborgenen Teil im Bereich des Damms. Dieser schwillt wie der Penisschaft an, wird steif und ist
höchst erregbar. Bevor das Sperma ausgestoßen
wird, passiert es diesen Teil. Hier gibt es eine Einbuchtung als Punkt. Drückt man vor der Ejakulation darauf, findet sie nicht statt. Dadurch bleibt man
auf dem Höhepunkt der Lust und verlängert das
Liebesspiel nach Belieben. Einen ähnlichen Punkt
gibt es auf der Verbindung der Eichel zur Vorhaut.

Ein Muskelbändchen verbindet es miteinander. Unter dem Bändchen liegt die reizbarste Stelle des Phallus. Drückt man andererseits ein wenig fester auf die Rille, den Übergang von der Eichel zum Schaft, dann verändert sich die Ejakulation zum lustvollen Höhepunkt ohne Samenausstoß.

Über die Steigerung der Potenz und des sexuellen Lustempfindens zur vermehrten Lebenskraft – der Kundalini-Effekt

Aktivierung der Liebesmuskeln

Die sexuelle Potenz beim Mann sowie das gesteigerte Lustempfinden bei der Frau gehen Hand in Hand mit Lebenskraft und Vitalität. Dies bewirken die freigesetzten körpereigenen Glücksstoffe, die man Hormone und Endorphine nennt. Übermäßiger Streß, eine gestörte Einstellung zur Sexualität sowie seelische Belastungen verhindern die Ausschüttung dieser Glücksstoffe und das sexuelle Lustempfinden.

Sexuelle Potenz geht Hand in Hand mit Lebenskraft und Vitalität

Nun gibt es eine Grundenergie des Organismus, die man auch als ›latente Bioenergie‹ bezeichnet. Im Licht-Tantra nennt man diese Lebenskraft ›Kundalini‹ oder ›Spiralenergie‹. Sie ist für den Energiehaushalt des Organismus und das sexuelle Lustempfinden zuständig. Der Mensch fühlt sich schwach und sexuell desinteressiert, wenn sein Energiehaushalt auf 80 Prozent sinkt. Unter 50 Prozent ist man krankheitsanfällig, impotent und frigid. Sinkt er gar auf 10 Prozent, dann ist die Situation lebensbedrohend.

Kundalini ist für den Energiehaushalt des Organismus und sexuelles Lustempfinden zuständig

Durch die Aktivierung der Lebenskraft gewinnt man wieder seine ursprüngliche Vitalität und sexuelle Spannkraft zurück. Das renommierte Max-Plank-Institut sowie amerikanische Wissenschaftler versuchen seit Jahren den Kundalini-Effekt zu erforschen. Biochemische Studien brachten sie zu der Erkenntnis, daß die Lebenskraft oder der Kundalini-Effekt der Schlüssel zur ewigen Jugend und Genialität ist. Diese atemberaubende Erkenntnis könnte unser Leben total verändern und die Evolution des Menschen unvorstellbar vorantreiben.

Der Kundalini-Effekt ist der Schlüssel zu ewiger Jugend

Im Licht-Tantra wird diese Kundalini- oder Spiralkraft durch das Symbol einer dreieinhalbmal in sich zusammengerollten schlummernden Schlange dargestellt. Aktiviert man im Licht-Tantra diese in uns latent ruhende Lebenskraft, dann schnellt sie aus ihrem schlafenden Zustand auf. Die dadurch frei werdende Energie strömt über das Rückenmark in der Wirbelsäule nach oben zum Gehirn. Da normalerweise unser Gehirn nur zu einem Drittel in Funktion ist, erwachen durch diese verstärkte Zufuhr von Energie in uns schlafende Gehirnregionen und damit verbunden neue geistige Fähigkeiten.

Die Kundalini-Kraft wird durch eine Schlange dargestellt

Auf die Energetisierung des Gehirns im Licht-Tantra gehe ich später auf Seite 187 genauer ein. Zuvor aber wende ich mich dem unteren inneren Kraftwerk, in dem die biostatische Lebenskraft ruht, zu. Im Licht-Tantra entspricht es dem unteren Beckenbereich, und zwar dem Steißbein am Ansatz der Wirbelsäule.

Über den Beckenbodenmuskel, den PC-Muskel (Pubococcygeal-Muskel) kann man auf die ruhende Lebenskraft einwirken, so daß sie Energie freisetzt. Er ist der alleinige Muskel dafür und reicht vom Schambein hoch bis zum Steißbein. Er befindet sich 2–3 cm unter der Hautoberfläche, stützt den Anus und alle angrenzenden inneren Organe. Gesteuert wird er über den Pudendusnerv, der die Aktivität

Der PC-Muskel wirkt auf die ruhende Lebenskraft ein

Das innere Kraftwerk bei der Frau

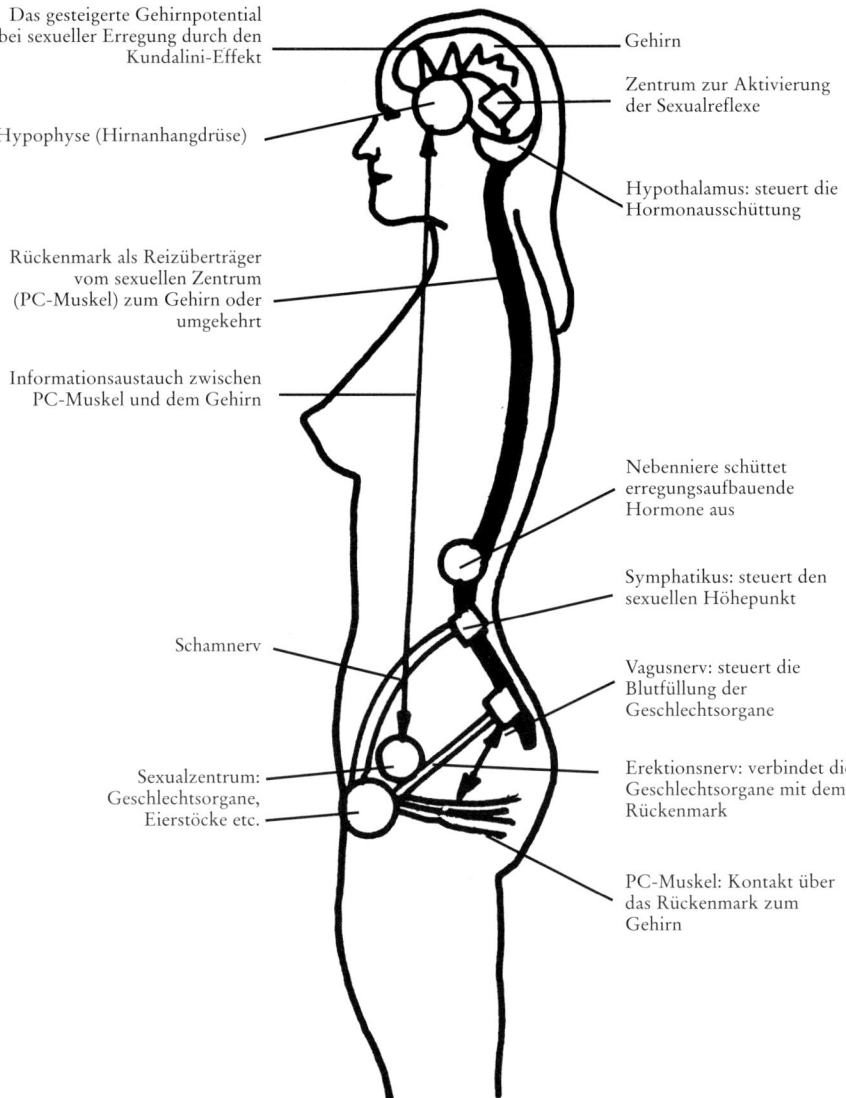

Das gesteigerte Gehirnpotential bei sexueller Erregung durch den Kundalini-Effekt

Gehirn

Zentrum zur Aktivierung der Sexualreflexe

Hypophyse (Hirnanhangdrüse)

Hypothalamus: steuert die Hormonausschüttung

Rückenmark als Reizüberträger vom sexuellen Zentrum (PC-Muskel) zum Gehirn oder umgekehrt

Informationsaustauch zwischen PC-Muskel und dem Gehirn

Nebenniere schüttet erregungsaufbauende Hormone aus

Symphatikus: steuert den sexuellen Höhepunkt

Schamnerv

Vagusnerv: steuert die Blutfüllung der Geschlechtsorgane

Sexualzentrum: Geschlechtsorgane, Eierstöcke etc.

Erektionsnerv: verbindet die Geschlechtsorgane mit dem Rückenmark

PC-Muskel: Kontakt über das Rückenmark zum Gehirn

Informationsaustauch zwischen dem Sexualzentrum (PC-Muskel) und dem Gehirn

Das innere Kraftwerk beim Mann

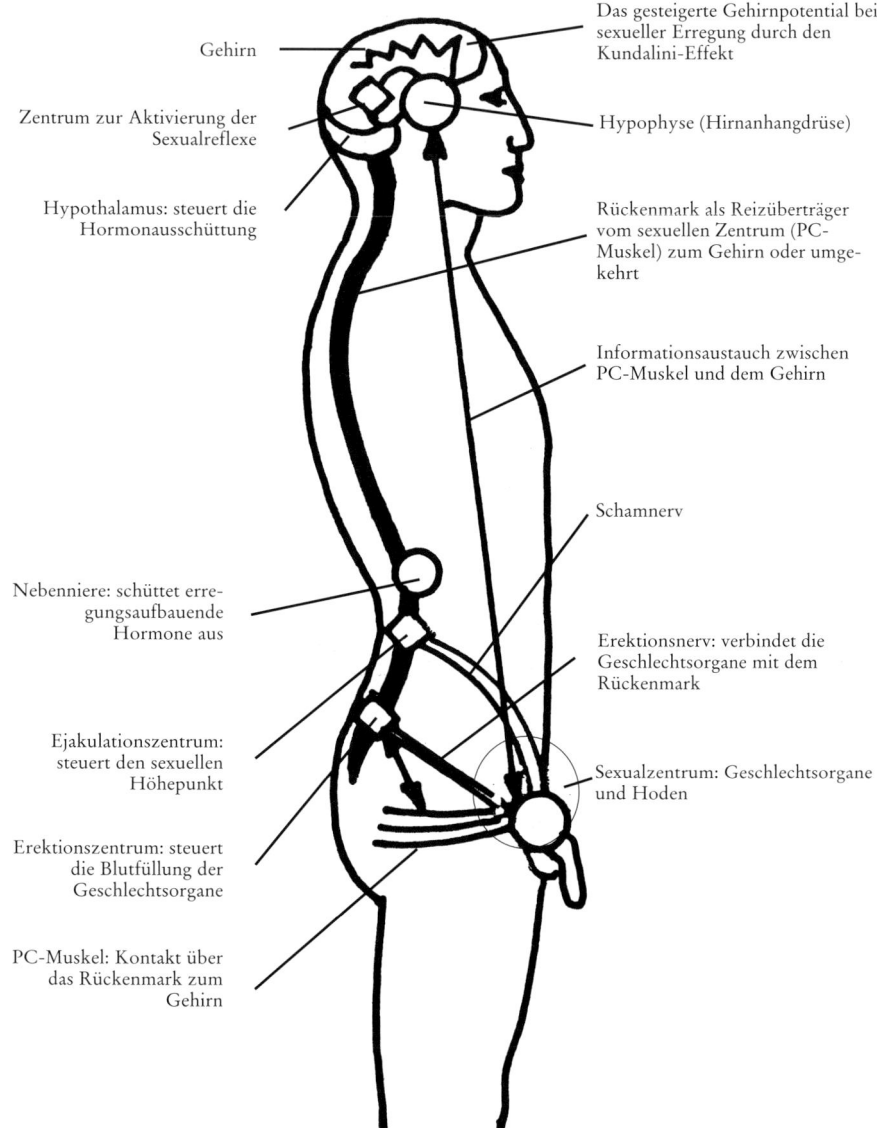

Gehirn

Das gesteigerte Gehirnpotential bei sexueller Erregung durch den Kundalini-Effekt

Zentrum zur Aktivierung der Sexualreflexe

Hypophyse (Hirnanhangdrüse)

Hypothalamus: steuert die Hormonausschüttung

Rückenmark als Reizüberträger vom sexuellen Zentrum (PC-Muskel) zum Gehirn oder umgekehrt

Informationsaustauch zwischen PC-Muskel und dem Gehirn

Schamnerv

Nebenniere: schüttet erregungsaufbauende Hormone aus

Erektionsnerv: verbindet die Geschlechtsorgane mit dem Rückenmark

Ejakulationszentrum: steuert den sexuellen Höhepunkt

Sexualzentrum: Geschlechtsorgane und Hoden

Erektionszentrum: steuert die Blutfüllung der Geschlechtsorgane

PC-Muskel: Kontakt über das Rückenmark zum Gehirn

Informationsaustauch zwischen dem Sexualzentrum (PC-Muskel) und dem Gehirn

der Geschlechtsorgane und des Anus registriert. Er
sendet und leitet deren Reize an das Gehirn zurück.
Der Erektionsnerv verbindet die Geschlechtsorgane mit dem Rückenmark und stimuliert die Prostata beim Mann und den Uterus bei der Frau. Hier
beginnt das innere Kraftwerk und endet beim Steißbein.

Durch konsequentes PC-Training, bei dem man
lernt, den Beckenbodenbereich nach oben zu ziehen,
kann man den Geschlechtsakt beliebig ausdehnen.
Man aktiviert dadurch die Lebenskraft. Während des
normalen Geschlechtsverkehrs, indem der PC-Muskel kaum wahrgenommen wird, ergeben sich nach
wissenschaftlichen Studien folgende meßbare Er-
gebnisse:

Konsequentes PC-Training aktiviert die Lebenskraft

* Starke Zunahme von Atem und Herzfrequenz
* Blutdruckanstieg und stärkere Kopfdurchblu-
  tung
* Leichte Kontraktion der Muskeln im Bauch
  und Zwischenrippenbereich.

Während des Geschlechtsaktes vertieft sich die Atmung, und daraus entwickelt sich eine Aktivierung
der Lebenskraft. Dies zeigt sich durch verstärkte
Lust und Sinnesempfindung. Je kürzer die sexuelle
Anregung dauert, desto weniger an Energiepotential kann sich entwickeln. Außerdem reichen die
kurzen Energiespitzen des Orgasmus nicht aus, um
für eine dauerhafte Aktivierung der ruhenden Gehirnregionen zu sorgen. Erst wenn man den PC-
Muskel in die sexuelle Stimulation miteinbezieht,
werden die Körperzellen, Nerven, das Gewebe, das
Rückenmark und die unbenutzten Zellstrukturen
im Gehirn mit vermehrter Lebensenergie durchflutet und positiv angeregt. Statt einer Entladung
durch den Orgasmus beim sonst üblichen Liebes-

Mehr Lebenskraft durch vertiefte Atmung

*Hohe energetische
Aufladung bei
gleichzeitiger
Tiefenentspannung*

spiel, findet eine hohe energetische Aufladung bei gleichzeitiger Tiefenentspannung statt. Es strömt mehr Blut in das Vaginalgewebe, das dadurch stärker befeuchtet wird. Das Lustempfinden und die sexuelle Potenz werden aktiviert. Je kräftiger der PC-Muskel ist, um so intensiver entlädt sich der Orgasmus und die Ejakulation. Mann und Frau fühlen sich danach, statt müde und geschwächt, in seelischer Hochstimmung.

Zu den Liebesmuskeln des Mannes zählen:

- die Genitalmuskeln, die von der Eichel über den Schaft bis zum verborgenen Teil über den Damm zum Anus reichen
- der Hodensack
- die inneren und äußeren Schließmuskeln.

Sexuelle Potenz zeigt sich durch eine gesunde Prostata, einen harten Hodensack, straffe Schließmuskeln und einen kraftvollen Penis.

Heilung und Energieaufladung durch die Sexual- und Lebenskraft

Die Aktivierung der erogenen Zonen

Um Energie in sich zu entwickeln, ist es notwendig, den PC-Muskel zu aktivieren. Machen Sie dazu folgende Übung:

Stellen Sie sich nackt vor den Spiegel. Atmen Sie durch die Nase langsam ein und ziehen Sie dabei die Hoden hoch. Die Bewegung können Sie im Spiegel beobachten. Atmen Sie aus, und wiederholen Sie es.

In der Einatmung ziehen Sie erneut die Hoden hoch, halten Sie die Spannung in der Ausatmung an.

Beim neuerlichen Einatmen ziehen Sie die Schließmuskeln an. Halten Sie die Spannung weiterhin an, wenn Sie nun ausatmen. Zum Schluß ziehen Sie in der neuen Einatmung die Genitalmuskeln Richtung des Steißbeins an. Atmen Sie nun aus, und lösen Sie dabei die gesamte Spannung.

Durch diese Übung, die man im Licht-Tantra Wurzelverschluß nennt, trainieren Sie die Liebesmuskeln und aktivieren die Sexualkraft. Muskeln sind nötig, um vermehrte Energie zu erzeugen.

Durch die Übung des Wurzelverschlusses trainiert man die Liebesmuskel

Zu den Liebesmuskeln der Frau zählen

- die Vaginalmuskulatur, die sich von der Scheide bis tief zum Muttermund erstreckt
- die Afterschließmuskeln
- der PC-Muskel, welcher Harnröhre, Scheide und After umschlingt.

Machen Sie folgende Übung:

Setzen Sie sich auf die Stuhlkante, so daß Sie einen Druck auf die Scheidenöffnung spüren.

Übung im Sitzen

Atmen Sie ein, und stellen Sie sich vor, wie Sie die Luft durch die Vagina zum Muttermund ziehen. Spannen Sie dabei die Vaginalmuskulatur zart von unten nach oben an. Stellen Sie sich dabei vor, wie das Innere der Vagina sich zusammenzieht, und halten Sie dort die Spannung, während Sie ausatmen.

Erweitern Sie die Spannung in der erneuten Einatmung über den hinteren Anus nach oben. Ziehen Sie dabei die Schließmuskeln an, und halten Sie dort die Spannung während der Ausatmung.

Ziehen Sie nun in der erneuten Einatmung die Spannung vom Muttermund hin zu den Eierstöcken und weiter rückwärts vom Anus bis zum Steißbein hoch. Atmen Sie aus, und lösen Sie die gesamte Spannung.

Die Sexualenergie ist anregend für den gesamten Organismus

Die Sexualenergie pulsiert nun in Ihrem gesamten Genital- und Beckenbereich und regt als Lebenskraft Ihren gesamten Organismus an. Integrieren Sie im Liebesspiel mit Ihrem Partner vor dem sexuellen Höhepunkt Ihren Liebesmuskel, und aktivieren Sie ihn dadurch. Ihre Sexualität gewinnt dadurch eine wertvolle Bereicherung, auf die ich später eingehen werde.

Auch wenn Sie keinen Partner haben, aktivieren Sie Ihren PC-Muskel, um Ihre Lebenskraft zu steigern.

Viele Unterleibs-erkrankungen beruhen auf unzureichender Zuwendung für diesen Bereich

Viele Erkrankungen des Unterleibes beruhen auf zu wenig Zuwendung an diesen Bereich. Wird er nicht belebt, dann stirbt er ab. Über die sexuelle Vereinigung regt man im Licht-Tantra die Heilkraft an. Diese kann man zu den kranken Stellen, wie zum Beispiel den Sexualorganen, lenken. Wenn einem nicht einmal der Zugang zum Genitalbereich gelingt, durch den man soviel Lust und Freude erfährt, wie soll man dann zum Herzen und zum Geist finden? Dies ist aber im Licht-Tantra sehr wichtig.

Genitalerleben steigert sich zum lustvollen Ganzheitserleben

Springt man kopfüber ins Wasser, dann teilen sich die Wellen beim Eintauchen nach allen Seiten kreisförmig aus. Das Gleiche passiert, wenn das Genitalerleben sich zum lustvollen Ganzheitserleben ausdehnt. Erogene Zonen tragen dazu bei, daß die Sexualenergie als Lustgefühl in alle Richtungen des Organismus strömt. Blockaden und Verspannungen sowie sexuelle Hemmungen dagegen verhindern dies.

Interessanterweise haben viele Frauen keinerlei Probleme, über die erogenen Zonen sinnlich angeregt zu werden. Das Feuer im Genitalbereich ist bei ihnen aber schwer zu entfachen. Viele Männer dagegen reagieren mit sofortiger Leidenschaft, wenn ihr Phallus berührt oder sogar stimuliert wird. Der

Zugang zu ihren erogenen Zonen ist aber verschlossen oder kaum sinnlich für sie wahrnehmbar.

Energetische Kanäle, Lichtstrahlen, verbinden
die erogenen Zonen mit dem Genitalbereich und
umgekehrt. In ihnen fließt prickelnde Lichtenergie.
Sie lädt nicht nur diesen Bereich, sondern auch die
mit ihm verbundenen Nebenenergiezentren auf.
Die Hauptenergiezentren liegen in der Wirbelsäule,
auf die ich später zu sprechen komme.

In den energetischen Kanälen fließt prickelnde Lichtenergie

Die Verschmelzung der Individuen

Durch die Anregung der Energiezentren erweitert
sich das Körperbewußtsein und die Vertiefung der
sexuellen Kraft als Sexualenergie. Je mehr man Zugang zu jedem Teil des Organismus hat, desto schöner und strahlender wirkt man. Auf den Energiebahnen gibt es Energiezentren, die sich der
Sexualenergie öffnen. Manchmal sind sie allerdings
blockiert und dadurch undurchlässig. Im Licht-
Tantra ist es notwendig, sie zu öffnen, um die Licht-
ebene zu erleben. Sexualität bedeutet im Licht-Tantra, sich so klar wie das Wasser und leicht wie die
Luft zu fühlen. Dieses Gefühl hebt einen, wenn man
verliebt ist, auf energetische Wolken. Es ist wie der
Frühlingsbeginn. Über die Sinne wird alles lebendi-
ger erfahren. Ein Glücksstrom erfaßt einen, und
man fühlt sich wie im Paradies.

Sexualität im Licht-Tantra ist so klar wie das Wasser und leicht wie die Luft

Diese Intensität der Gefühle steigert sich noch,
wenn der geliebte Mensch das gleiche für einen
empfindet und man einander umarmt. Berühren
sich die Münder und drücken sich Herz und
Becken zart reibend aneinander, dann öffnet sich
das Tor der Lust. Der Wunsch, ineinander zu verschmelzen, erfüllt jegliches Sinnen und Trachten.
In diesem Moment gibt es weder Raum noch Zeit.
Der Moment öffnet sich wie ein Regenbogen und
läßt alles in den buntesten Farben erstrahlen. Wie

Der Wunsch des Verschmelzens hebt Raum und Zeit auf

*Während des Sich-
füreinander-
Öffnens erlebt
man den Partner
in ungeahnter
Intensität*

eine Brücke vereint er beide Liebenden und hebt sie zum blauen Himmel empor. In diesem Augenblick gibt es keine Kontrolle und kein Abwägen, ob es richtig oder falsch ist, sondern nur Hingabe und ein Sich-für-einander-Öffnen. Man sieht und hört, schmeckt und riecht den Geliebten oder die Geliebte in einer ungeahnten Intensität. Die Haut entdeckt man als ein Gebiet voll erogenen Zonen. Jede Berührung, die spontan und intuitiv geschieht, zaubert einen angenehmen Schauer am ganzen Körper hervor. Druck oder starke Reibung am Körper läßt als zarter Schmerz sogar die Intensität der Lust erschauern.

In diesem Geschehen ohne Überlegen ist alles richtig und vollkommen. Ein sexueller Höhepunkt löst den nächsten ab und beide Partner trachten danach, dem anderen das Paradies auf Erden dabei zu eröffnen. Da das Spiel der Liebe so wunderbar ist, möchte man es nie beenden, sondern es so lange wie möglich genießen. Liebende, die einander wahrlich begehren, genießen es und dehnen das Liebesspiel in die Länge. Sie möchten sich so lange wie möglich im Fluß der Lust treiben lassen. Erreichen sie den sexuellen Höhepunkt, dann verweilen sie im Karezza, der vollkommenen Entspannung. Der Atem und das Pochen des Herzens beruhigen sich. Der Wunsch nach sexueller Entladung läßt nach, und man beginnt aufs neue aktiv ins Liebesspiel einzugreifen.

*Der sexuelle
Höhepunkt ist
das Karezza, die
vollkommene
Entspannung*

Das Geben und Nehmen wie Yin und Yang wechseln einander harmonisch ab. Die Liebespositionen wandeln sich zu einem Tanz der Gefühle und Spontaneitäten. Auch die Variationen wechseln je nach Intensität. Fühlt der Geliebte den sexuellen Höhepunkt nahen, dann zieht er seinen Phallus zum Tor der Lust zurück. Am Eingang der Scheide ist die Vagina reich an Empfindungen. Besonders lustvoll empfindet die Frau die Reizung der Klitoris. Der G-Punkt befindet sich ca. drei Zentimeter von der Klitoris entfernt im Inneren der Vagina. Voller Erregung pocht der Phallus nun an dieser von vielen Nerven durchzogenen Stelle und reizt die Wonnen der Geliebten. Danach dringt er tief und mit festen Stößen ein, was ihr große Lust bereitet. Reibt oder preßt sie dabei ihre Scham und dadurch das Innere der Vagina an seinen Phallus, so entflammt sie auch seine Lust.

Im Wechselspiel beider Begierden steigert sich die Sexualenergie zu einer Spannung, die kaum mehr vom Gefühl zu ertragen ist. In diesem Moment, eingetaucht in ein Wechselbad der Harmonie, taucht der Organismus aufgeladen und voller Energie daraus hervor. Es ist als ob elektrisierende Funken aufeinander überspringen und sich in Energie auflösen.

Das Wechselspiel der Begierden steigert die Sexualenergie

Läßt man es nun geschehen, dann springt vom energetischen Feld der Funke auf die geistige Dimension über. Bis jetzt unterschied man das Ich und Du, betrachtete sich selbst als Subjekt und seinen Liebespartner als Objekt. Dieses Getrenntsein verschmilzt nun zu *einer* Erfahrung und *einer* Gemeinsamkeit. Das Ich löst sich im Du auf und umgekehrt. Die Begrenzung des menschlichen Seins als Individium verschmilzt mit dem Partner, und beide finden in diesem Moment als Dualseelen die Erleuchtung.

Das Ich löst sich im Du auf und findet Erleuchtung

Normalerweise geschieht dieser Prozeß unterbewußt, und man erwacht danach wie aus einem wunderschönen Traum. Es ist vorbei, und man kann sich kaum mehr daran erinnern. Die gewohnte Dimension der materiellen Welt breitet sich aus, und man wird ein wenig von Wehmut erfaßt. Der enorme Strom von Energie, der einem die Sphäre des Feinstofflichen und Geistigen öffnet, hat sich dieser

Liebe und Sexualität ohne Kontrolle bewahrt das Geschehen im Herzen

Erfahrung wieder verschlossen. Der Wunsch, wieder in diese ungeahnte Dimension einzudringen, läßt immer aufs neue die Sehnsucht nach Liebe und Sexualität in einem erglühen. Um dieses Geschehen im Herzen zu bewahren, ist es im Licht-Tantra wichtig, es bewußt, aber ohne Kontrolle zu erleben. Dadurch wandelt sich die Liebe und Sexualität zu einem Energieaustausch beider Partner um.

III. Kapitel

Energetisierung der Lichtkanäle im menschlichen Organismus durch Partnermassage

Die Aktivierung der Lichtkanäle öffnet die Sphäre zur astralen und mentalen Dimension

Die Lichtkanäle sind Energiebahnen, welche den Organismus mit dem Gehirn verbinden. Sie beginnen auf der Haut und verlaufen ab einem gewissen Punkt im Inneren des Körpers. Der Energiefluß zentriert sich nicht nur auf die Energiebahnen, sondern betrifft den gesamten Organismus. Über die Aktivierung der Lichtkanäle, an denen die Nebenenergiezentren und auch die erogenen Zonen liegen, öffnet sich einem die Sphäre zur astralen und mentalen Dimension. Dadurch beginnt die Lebens- und Sexualenergie zu fließen.

Bevor Sie mit der Massage beginnen, waschen Sie Ihre Hände, und achten darauf, daß Sie warm sind. Dadurch werden Sie für die Energie durchlässig und energetisch aufgeladen.

Aktivierung der Lichtdiagonale durch Massage

Die Zentren der Lichtdiagonale

Das untere Zentrum liegt im Genital-, Becken- und Bauchbereich. Von hier aus ziehen sich die beiden unteren Lichtkanäle über die Innen- und Außenseite der Beine zu den Knöcheln und weiter über die Fußsohle zu den Zehen hin. Die oberen Lichtkanäle weisen vom Zentrum über die Brust nach oben zum Schultergelenk. Von hier aus fließen sie über die Innen- und Außenseiten der Arme zu den einzelnen Fingern (Grafik S. 139).
Um die Lichtdiagonale zu aktivieren, beginnt man bei den Füßen.

Aktivierung der Lichtkanäle in den Füßen

Ihre Partnerin liegt auf dem Rücken. Fassen Sie die Füße, und drücken Sie eine Minute mit dem Daumen auf die Einbuchtung unterhalb des Knöchels (Foto 44).

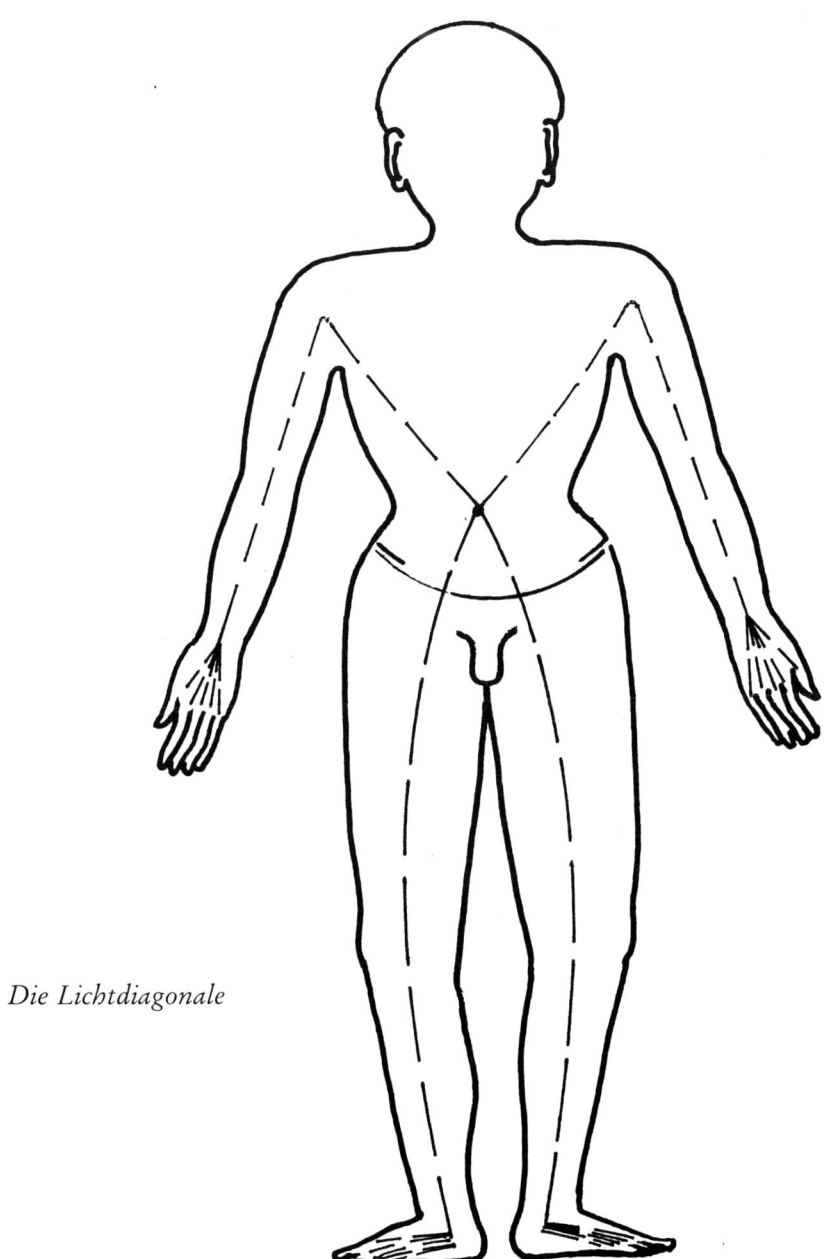

Die Lichtdiagonale

Foto 44

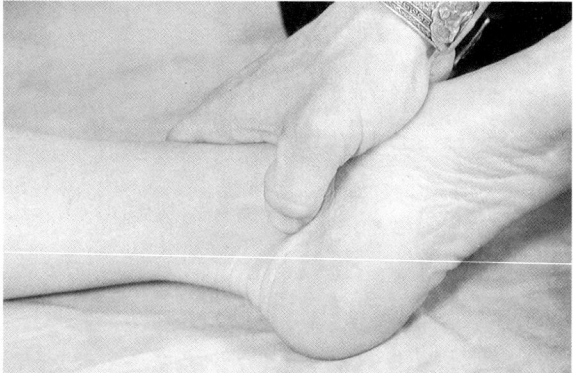

Foto 45

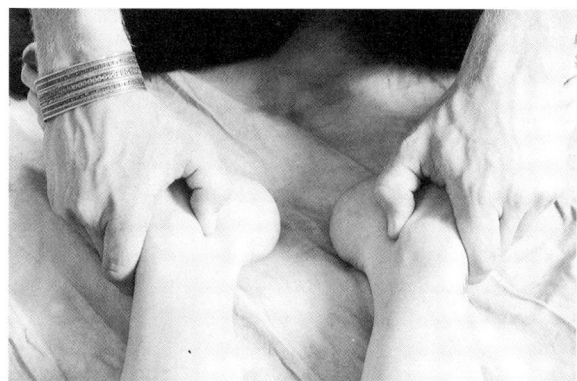

Partner-Massage   Dieser Punkt ist äußerst schmerzempfindlich.
Beginnen Sie daher mit leichtem Druck und steigern
Sie ihn langsam. Passen Sie den Druck der Emp-
findlichkeit Ihrer Partnerin an, die sich dabei zu entspannen versucht.

Drücken Sie zur gleichen Zeit die Füße auf die
Seite, bis sie am Boden aufliegen (Foto 45). Dadurch
öffnen sich die Energiekanäle zu den Sexualorganen, die gereinigt und aktiviert werden. Langsam lösen und entspannen.

Streichen Sie die Energie über die Fußsohlen zu
den Zehen aus (Foto 46).

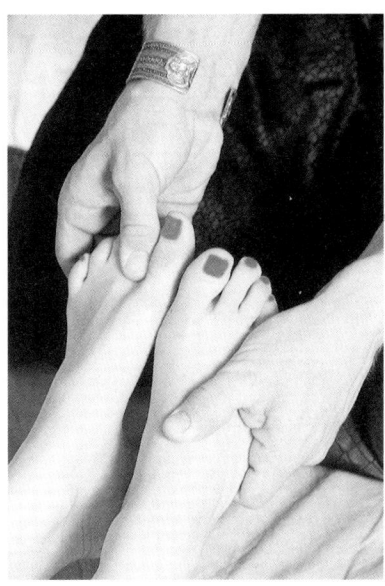

Foto 46

Aktivierung der Lichtkanäle in den Beinen

Ihre Partnerin winkelt das rechte Bein an, Sie setzen sich links neben sie hin. Stützen Sie nun eine Hand oberhalb die andere unterhalb des Knies auf (Foto 47). Üben Sie nun mit wiegenden Bewegungen abwechselnd Druck durch die rechte, dann durch die linke Hand aus. Dabei wandert Ihre rechte Hand vom Knie aufwärts über die Innenseite des Oberschenkels zur Leiste und die linke Hand synchron unterhalb des Knies über die Innenseite des Unterschenkels zum Knöchel (Foto 48). Drücken Sie dabei nie auf die Knochen, sondern immer auf die Weichstellen, die Muskel. Drücken Sie dabei Ihre Arme und Schultern durch, um nur mit dem Einsatz des Körpergewichts zu arbeiten. Passen Sie die Stärke des Drucks der Empfindung Ihres Partners an.

Ihre Partnerin stellt das rechte Bein auf. Setzen Sie sich so nah wie möglich neben ihn. Legen Sie Ihre verschränkten Hände oben auf den Oberschenkel

Partner-Massage

Foto 47

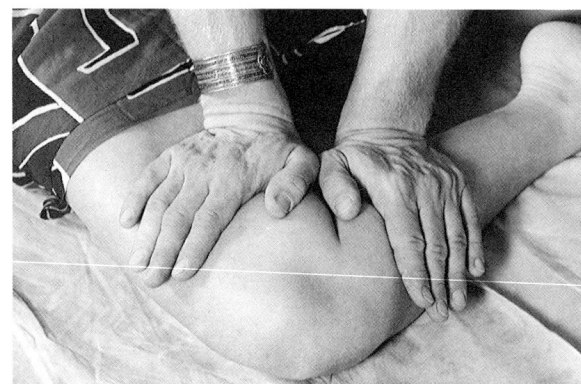

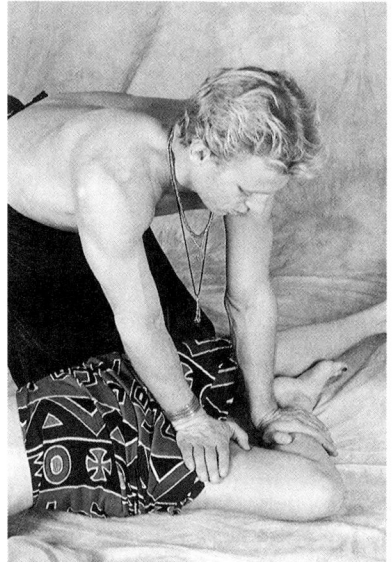

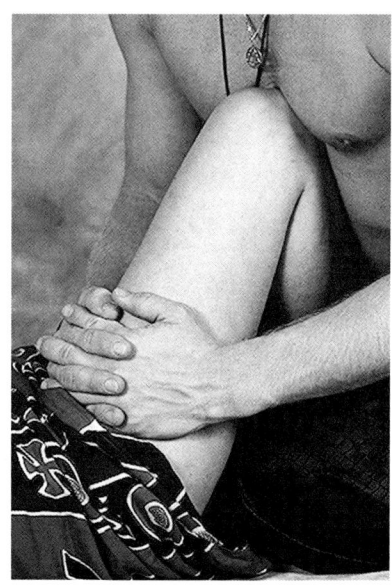

Foto 48   Foto 49

(Foto 49). Drücken Sie beim Ausatmen mit Ihrer
Brust gegen das Knie und im Gegendruck mit den
Händen auf die Oberseite des Oberschenkels. Pres-
sen Sie dabei auch die Hände ein wenig zusammen,
so daß auch die Innen- und Außenseite des Oberschenkels spürbar massiert wird (Foto 50). Bei jeder
Ausatmung wandern Sie nun langsam mit unverän-

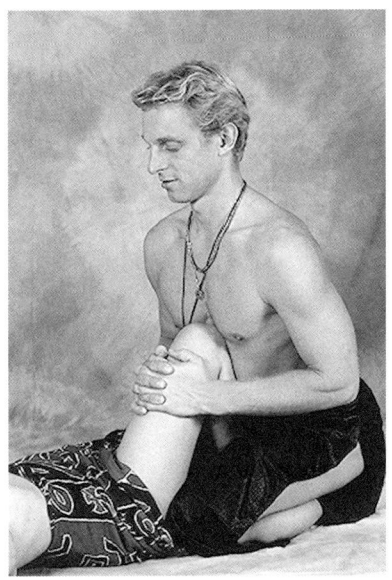
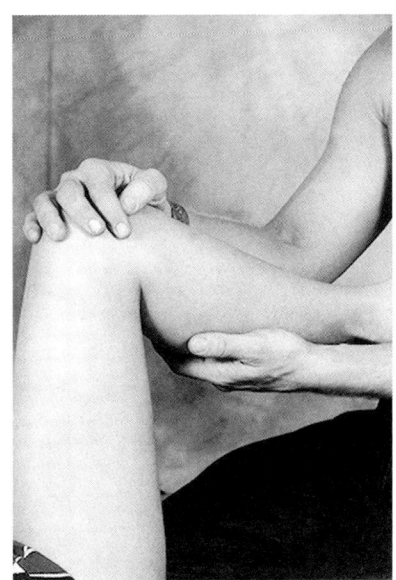

Foto 50   *Foto 51*

dertem Druck nach unten, bis Sie oberhalb des Knies angelangt sind. Lassen Sie das Knie los, und atmen Sie beide gemeinsam aus. *Partner-Massage*

Lockern Sie zum Schluß die Waden von oben nach unten bis zur Achillessehne (Foto 51).

Aktivieren Sie die Lichtkanäle nun in dem anderen Bein.

Massage der Leisten- und Beckengegend

Ihre Partnerin liegt auf dem Rücken. Legen Sie die Hände unten auf die Leisten (Foto 52), und bewegen Sie sich mit den Beinen langsam nach rückwärts. Ihre Arme und Schultern sind dabei durchgestreckt, so daß Ihr Körpergewicht auf den Leisten ruht, und Sie das Pochen des Pulses Ihrer Partnerin spüren (Foto 53). Dabei unterbinden Sie die Blutzufuhr zu den Beinen. Senden Sie in der Ausatmung über Ihre Hände Energie zum Leisten-, Sexual- und

Foto 52

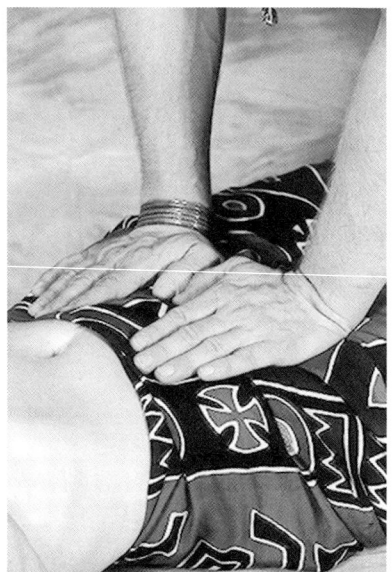

Foto 53

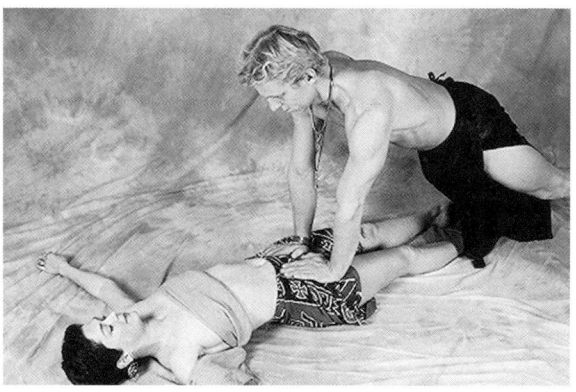

Beckenbereich. Halten Sie die Position für eine Minute an, und lösen Sie diese danach sanft. (Nicht in der Schwangerschaft machen!) Ihre Partnerin spürt nun, wie die Lichtenergie sich vom Sexualzentrum bis in die Beine verteilt.

Therapie: Gegen Impotenz, Frigidität, Venenerkrankungen.

Foto 54

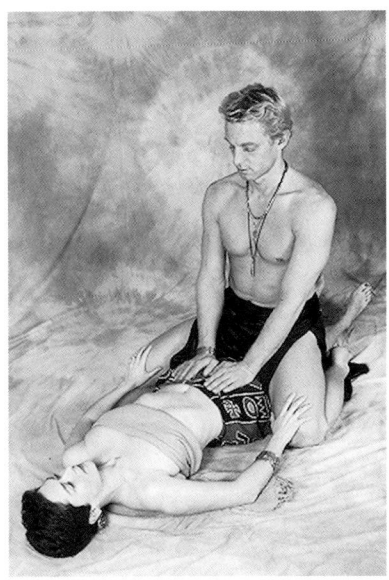

Foto 55

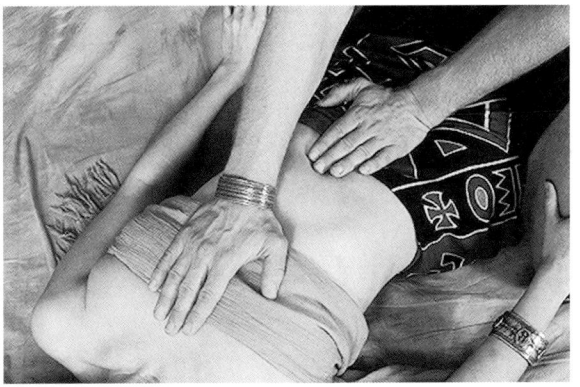

Massage der oberen Lichtkanäle

Setzen Sie sich auf den unteren Teil des Beckens Ihrer Partnerin, und legen Sie die Hände auf die Leisten (Foto 54). Streichen Sie von den Leisten mit sanftem Druck nach oben zwischen den Brüsten (Foto 55). Umkreisen Sie die Brüste und streichen Sie zu den Schultern aus (Foto 56).

Partner-Massgae

Foto 56

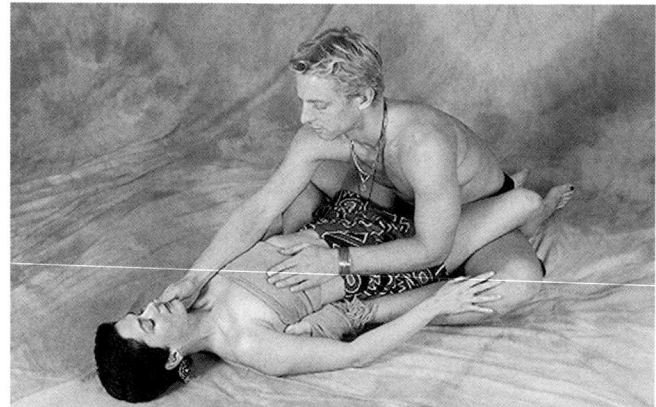

Foto 57

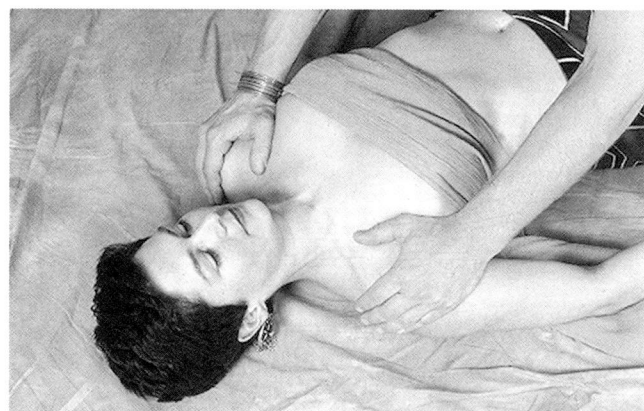

Foto 58

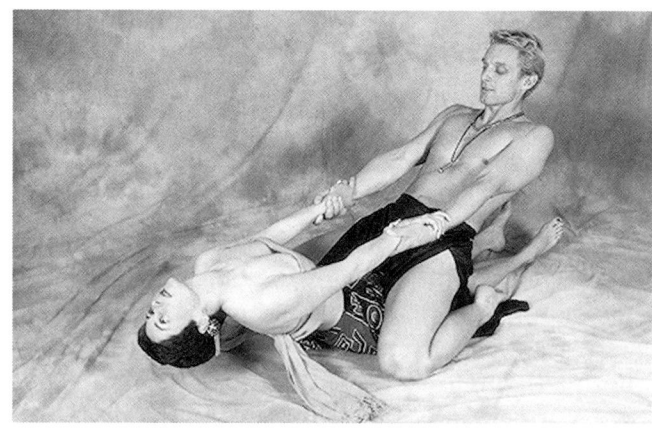

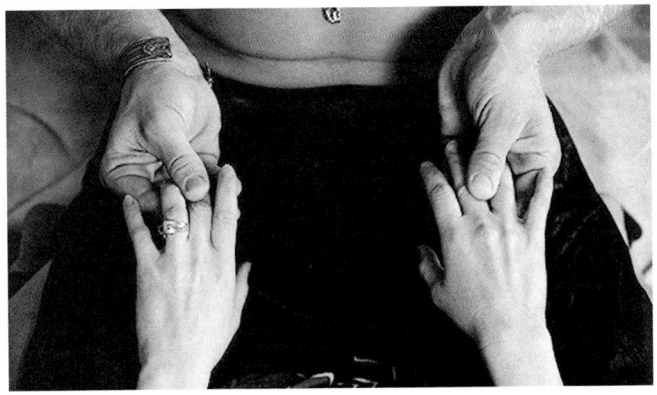

Foto 59

Drücken und kneten Sie nun mit beiden Händen die Schultern, die Ober- und Unterarme bis zu den Handgelenken (Foto 57). Danach fassen Sie Ihre Partnerin bei den Handgelenken und ziehen ihren Oberkörper hoch (Foto 58).

Streichen Sie seine Finger aus (Foto 59), und senken Sie dann den Oberkörper Ihrer Partnerin langsam zu Boden. Dreimal wiederholen.

Therapie: Magen- und Darmkrankheiten, Verdauungsprobleme, Leistenbruch, stärkere Durchblutung der Arme und Beine, Knieschmerzen, Hepatitis, Arthritis der Finger, Brustschmerzen, Rheuma, Angina pectoris, Epilepsie, Schizophrenie, Hysterie, seelische Erkrankungen etc.

Massage des zentralen vorderen Lichtkanals

Dieser Lichtkanal beginnt an der Zungenspitze und verläuft über die Kehle durch den Brustbereich zum Sonnengeflecht. Von dort setzt sich der Energiekanal über den Nabel zum Schambein und weiter über die Sexualorgane, den Harntrakt zum Darmausgang fort.

Verlauf des Lichtkanals

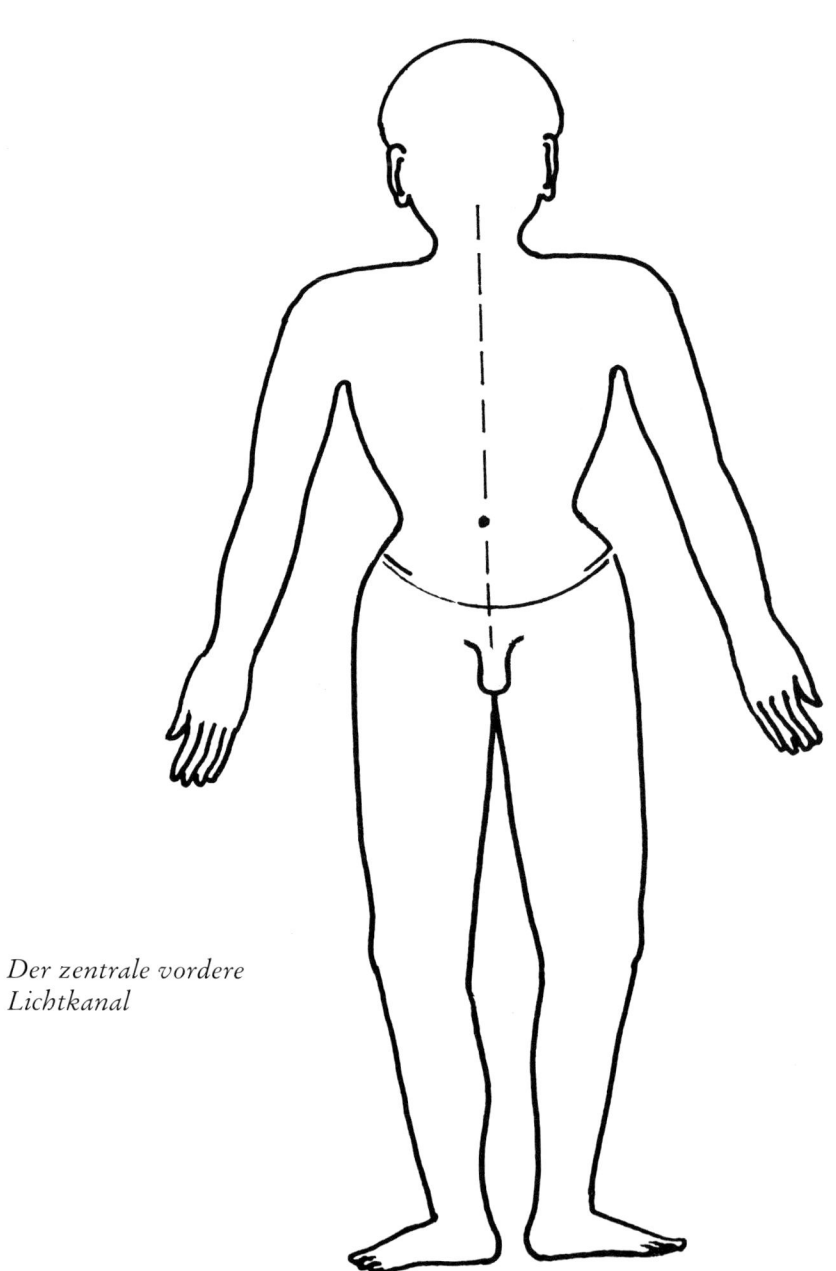

Der zentrale vordere
Lichtkanal

Aktivierung des Gaumens und des Zungenbereichs

Drücken und streichen Sie mit der Zunge das Zahnfleisch, den Gaumen und die ganze Mundhöhle ab. Schmecken Sie den Speichel und schlucken Sie ihn. Beobachten Sie dabei den Weg des Speichels bis zum Magen. Dadurch aktivieren Sie den oberen Energiekanal. Wenn es Sie zum Rülpsen anregt, dann beginnt die Energie hier verstärkt zu fließen und die Magensäfte werden dadurch harmonisiert.

Aktivierung des oberen Energiekanals

Aktivierung des Ohrläppchens, des Kehl- und Nackenbereichs, der Brust und des Schambeinbereichs

Massieren Sie zuerst Ohrmuscheln und das Ohrläppchen. Dort liegen die erogensten Zonen der Frau.

Massage der erogensten Zonen der Frau

Massieren Sie danach den seitlichen Kehl- und Nackenbereich. Legen Sie dabei die Hände seitlich zum oberen Halsbereich (Foto 60). Massieren Sie wechselseitig mit sanften Streichbewegungen der Hände von oben nach unten zum Ansatz der Schultern. Legen Sie nun die Hände auf den oberen Brustansatz Ihrer auf dem Rücken liegenden Partnerin. Streichen Sie mit sanftem Druck der Hände wechselseitig von oben beginnend, zwischen der Brust nach unten zum Nabel und weiter bis zum Schambein (Foto 61).

Wiederholen Sie die Massage des zentralen vorderen Lichtkanals einige Male zuerst mit der einen und danach fließend, ohne Unterbrechung, mit der anderen Hand.

Therapie: Asthma, Bronchitis, Verspannungen und Gefühlsblockaden im Brustbereich, Verkrampfung des Zwerchfells, Brechreiz, Erkältungskrankheiten, Husten, Halserkrankungen, Magen- und Darmpro-

Foto 60

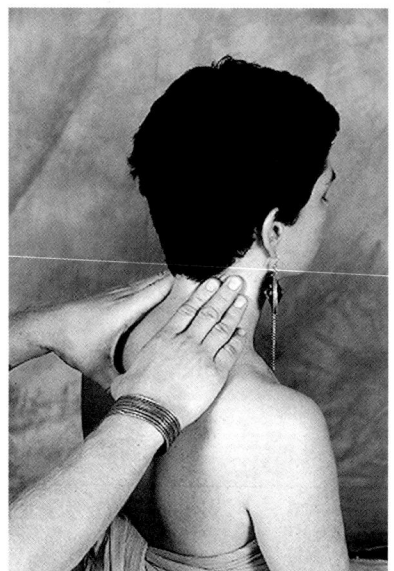

Foto 61

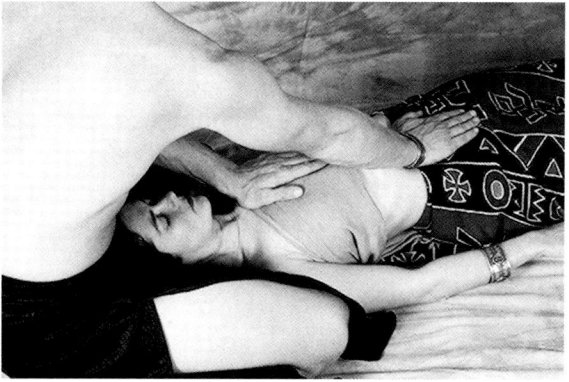

bleme, Unfruchtbarkeit der Frau, Blasenentzün-
dung, Impotenz, vorzeitiger Samenerguß, Men-
struationsbeschwerden, Schwierigkeiten beim
Harnlassen, Durchfall etc.

Massage des zentralen rückwärtigen Lichtkanäle

Streckung der Wirbelsäule

Ihre Partnerin sitzt mit dem Rücken zu Ihnen. Sie le- *Partner-Massage*
gen nun beide Füße in Schulterhöhe neben der Wir-
belsäule Ihrer Partnerin auf. Fassen Sie einander an
den Handgelenken (Foto 62). Während Sie und Ihre
Partnerin gleichzeitig ausatmen, strecken Sie Ihre
Beine durch und ziehen die Arme der Partnerin ein
wenig nach hinten. In der Einatmung lockerlassen.

Setzen Sie nun die Füße etwas tiefer unter die
Schulterblätter der Partnerin (Foto 63). Drücken Sie
während der gemeinsamen Ausatmung wieder wie
vorher die Wirbelsäule durch.

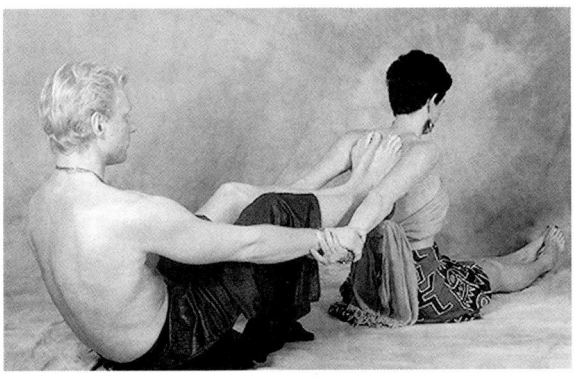

Foto 62

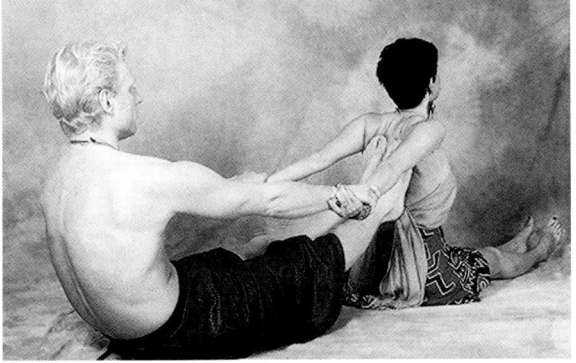

Foto 63

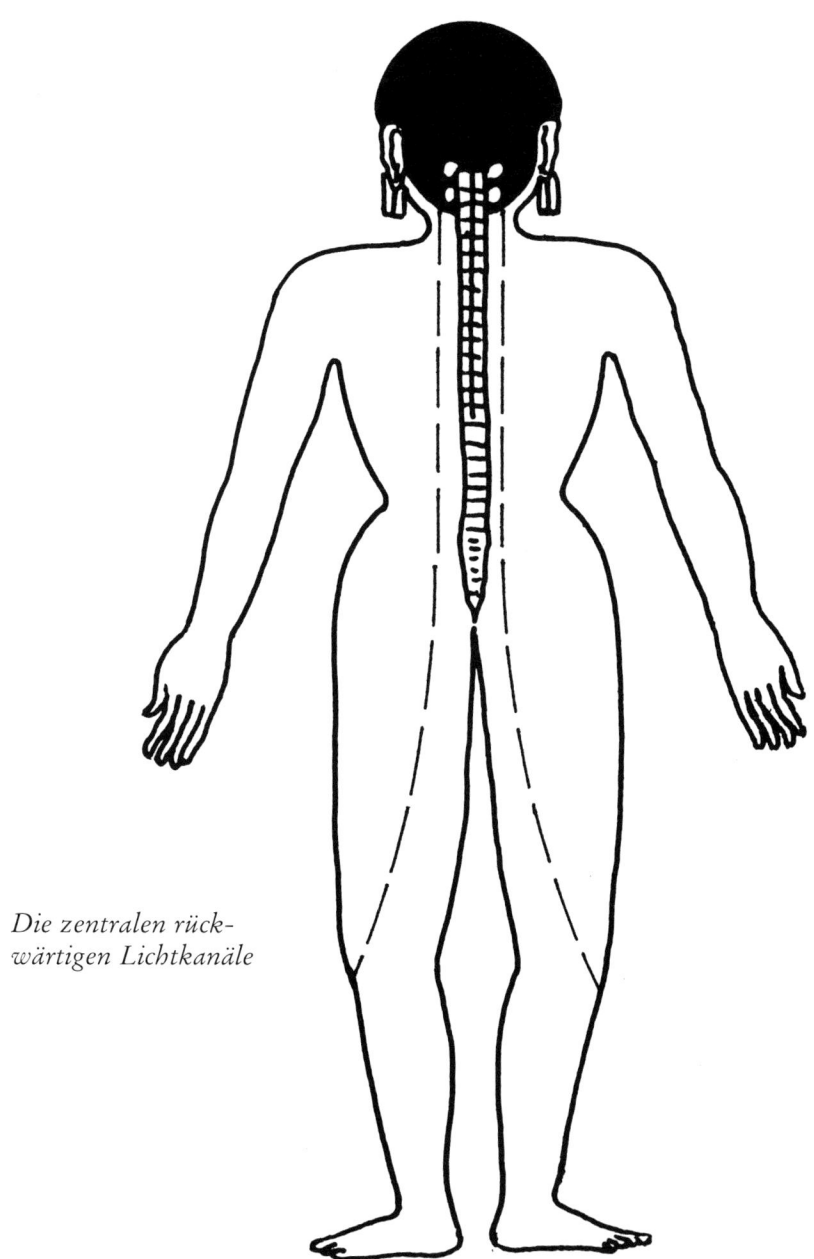

*Die zentralen rück-
wärtigen Lichtkanäle*

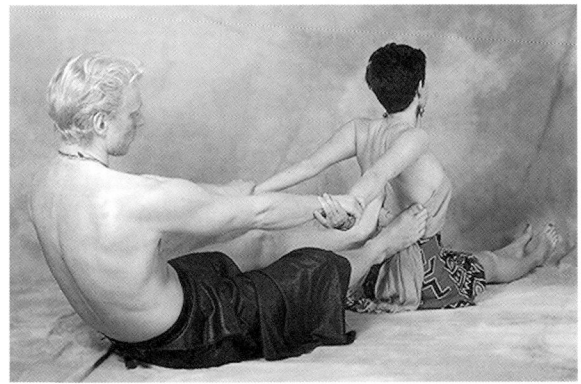

Foto 63a

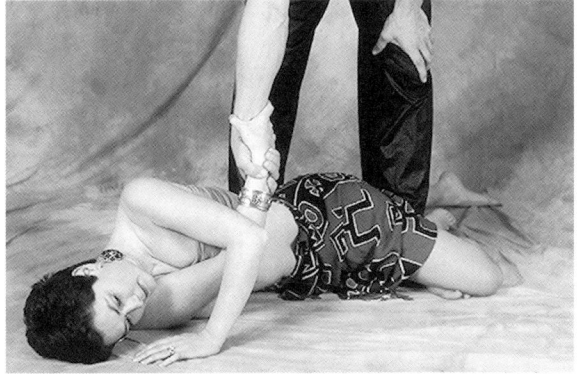

Foto 64

Zum Schluß drücken Sie mit den Füßen den oberen Lendenbereich durch (Foto 63a).

Massage des oberen und unteren Rückenbereichs

Ihre Partnerin liegt auf dem Bauch und zieht das linke Bein an. Dann rollt sie sich zur linken Seite und kreuzt die Hände vor der Brust. Sie schieben Ihren linken Fuß unter ihr angewinkeltes Knie, so daß ihr Bein auf Ihrem Fußrücken ruht und erfassen mit beiden Händen das rechte Handgelenk Ihrer Partnerin (Foto 64). Heben Sie nun den Oberkörper Ihrer Partnerin, während Sie gemeinsam ausatmen, ein wenig hoch (Foto 65). Lassen Sie dann Ihre Part-

Partner-Massage

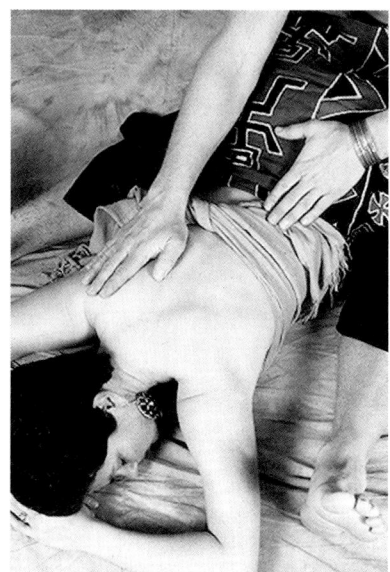

Foto 65   Foto 66

nerin wieder langsam zu Boden gleiten. Gehen Sie
dabei behutsam um. Bein- und Seitenwechsel.

Sie sitzen aufrecht auf dem Partner und haben
Ihre Beine nach vorne ausgestreckt. Heben Sie nun
das Becken Ihrer auf dem Bauch liegenden Partnerin auf Ihre beiden Oberschenkel.

Legen Sie die Hände in Höhe der Schultern neben der Wirbelsäule auf. Streichen Sie nun mit ver-
stärktem Druck die beiden Lichtkanäle neben der
Wirbelsäule nach unten zum Steißbein aus (Foto
66).

Setzen Sie das Streichen fort zum Gesäß, den
Oberschenkeln bis zu den Kniebeugen.

Wiederholen Sie das Ausstreichen einige Male.

Drücken Sie zum Schluß auf alle Einbuchtungen
im Gesäßbereich (Foto 67). Intensivieren Sie dabei
den Druck entsprechend den Empfindungen Ihrer
Partnerin, so daß die erogenen Zonen sich aktivie-

Foto 67

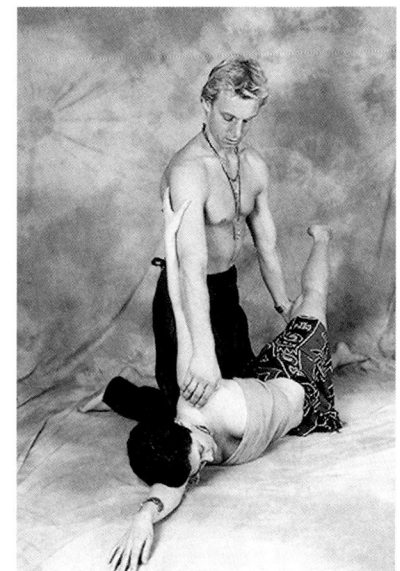

Foto 68

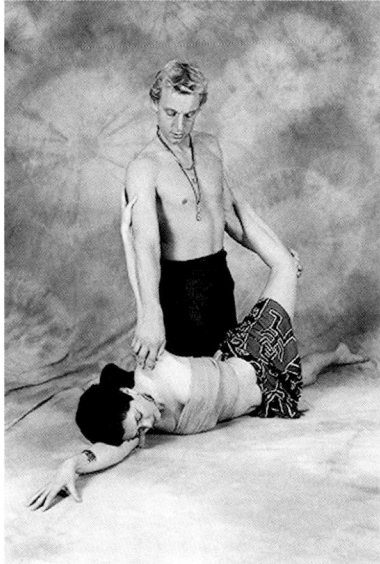

Foto 69

Foto 70

ren. Lassen Sie sich dafür Zeit. Sie finden die erogenen Zonen im Gesäßbereich ganz intuitiv.

Massage der Wirbelsäule, des Gesäßes und der Oberschenkel

Partner-Massage Ihre Partnerin liegt auf dem Bauch. Sie rollt sich nun
auf die Seite und streckt das rechte Bein und den
rechten Arm nach oben. Sie sitzen auf den Knien
hinter ihr und fassen ihr angewinkeltes Bein am
Knie und den Arm am Schultergelenk (Foto 68).
Drücken Sie Ihr rechtes Knie auf den oberen Lendenbereich Ihrer Partnerin. Heben Sie nun das rechte Knie und die rechte Schulter Ihrer Partnerin ein
wenig an, so daß sich ein schöner Bogen bildet (Foto 69). Achten Sie darauf, daß Ihr eigenes Knie nicht
zu stark in den Lendenbereich Ihrer Partnerin hin-
eindrückt. Danach lösen, Bein- und Seitenwechsel.

Setzen Sie sich aufrecht hin, wobei Ihre Beine
nach vorne gestreckt sind. Heben Sie nun das
Becken Ihrer Partnerin, die auf dem Rücken liegt,
auf Ihre beiden Oberschenkel hoch, wobei ihre Beine sich um Ihre Hüften schlingen (Foto 70).

Streicheln Sie nun Ihre Partnerin überall dort,
wo es ihr angenehm ist. Partnerwechsel.

Berührung und Liebkosung

Schenken Sie sinnliche Berührungen und Liebkosungen Streichen Sie einen Tropfen Ylang-Ylangöl an das
Ohrläppchen Ihrer Partnerin; riechen Sie daran,
und lassen Sie sich dadurch sexuell anregen.

Heben Sie nun Ihre Partnerin an den Schultern
zu Ihnen hoch. Schenken Sie einander in dieser
Liebesposition sinnliche Berührungen und Liebkosungen.

Aus Liebe entsteht Liebe und Lust gebiert immer aufs neue Lust.

IV. Kapitel

Begegnung mit der astralen und mentalen Welt

*Über das Licht-
Tantra öffnet
sich der Zugang
zu der Sphäre
des Astralen*

Esoteriker bringen die Sphäre des Astralen mit Atlantis in Verbindung. Dem normalen Menschen
bleibt das Astrale ein verborgenes Geheimnis.
Über den Traum offenbart sich unterbewußt der
Zutritt dazu. Sonst aber bleibt es ein verschlosse-
nes Land. Erst über das Licht-Tantra öffnet sich
der Zugang zu dieser geheimnisvollen Dimension.
Durch das Bewußtwerden der Lichtkanäle beginnt
die Sphäre des Astralen gleich einer Sonne aus dem
inneren Universum zu erstrahlen. Das vergangene
Schattendasein, in dem der Mensch sich seines eigenen besonderen Wesens nicht bewußt war, verwandelt sich in Liebe, Freude und Unsterblichkeit.
In der Sphäre des Astralen wandelt sich der Körper als verdichtete Materie in reine Energie um.
Diese ist durch nichts zerstörbar, sondern verfeinert sich zu einem Lichtwesen, in dem der Mensch
als Ganzheit verschmilzt. Im sagenhaften Atlantis
kannte man über die Sublimierung der Sexualität
den Weg zur kosmischen Evolution. Was das sagenhafte Atlantis mit Licht-Tantra zu tun hat und
wie es nach alten Berichten vom Erdboden verschwand, erfahren Sie nun.

*Über der
Sphäre des
Astralen
wandelt sich
der Körper in
reine Energie
um*

Der versunkene sagenhafte Kontinent Atlantis

*Atlantis
beeinflußte
Europa,
Amerika und
den Orient*

Auch seriöse und ernstzunehmende Wissenschaftler glauben an die Existenz dieses vor Jahrtausenden
versunkenen Kontinents. Wie der Kontinent Lemurien mit der Kurzbezeichnung ›Mu‹ Asien und
Amerika kulturell und spirituell erschloß, so bein-
flußte der Kontinent Atlantis durch die Lehre des
Licht-Tantra Europa, Amerika und den Orient.

In der Ausgabe der italienischen Enzyklopädie
der Wissenschaft und Technik heißt es, daß dieser
legendäre Kontinent dort lag, wo heute der Atlan-

Der sagenumwobene Kontinent Atlantis

Sowjetische
Versuchsbohrungen
auf Höhe der
Elfenbeinküste
wurden mit
Atlantis in
Verbindung
gebracht

tische Ozean wogt. Sowjetische Forschungsschiffe stießen vor einigen Jahren auf der Höhe der Elfenbeinküste bei Versuchsbohrungen in großer Tiefe auf Metallobjekte. Deren Eigenschaften sowie ihre unbekannte Legierung veranlaßte die Moskauer Akademie der Wissenschaften zu der Aussage, das zwischen dem Fund und dem auf unerklärliche Weise versunkenen Kontinent Atlantis ein Zusammenhang bestehen könnte. Radaruntersuchungen zeigten einen Gebirgskamm in der Nähe der Azoren, der sich unter Wasser von Norden nach Süden

Vermutungen
Solons zum
Aussehen
atlantischer
Häuser fanden
in der Nähe der
Azoren
Bestätigung

zieht. Er gleicht jenen versunkenen Bergen, welche die atlantische Tiefebene vor den kalten Nordwinden schützte. Dies behauptete der Geschichtsschreiber Solon, der um 560 v. Chr. in Ägypten lebte. Er vermutete auch, daß die Regierungs- und Privathäuser auf Atlantis aus weißen, roten und schwarzen Steinen erbaut waren. Auch das fand man in einem bestimmten Gebiet dieses Gebirgskammes bestätigt, als man auf weiße Kalkschichten neben roten und schwarzen Vulkanfelsen stieß. Neith-Priester aus dem ägyptischen Pharaonenreich gewährten Solon Einsicht in altägyptische Tempelarchive. Darin befanden sich jahrtausendealte Schriftrollen, die über den atlantische Kontinent und dessen plötzlichen Untergang im Ozean berichteten.

»Die atlantische Tiefebene war langgestreckt, von Bergen umschlossen und hatte eine Fläche von ca. 191 000 Quadratkilometern. Die Berge schützten vor den rauhen Nordwinden, und das subtropische Klima ermöglichte zwei Ernten im Jahr. Atlantis war reich an Mineralstoffen und Edelmetallen. Gewässer gab es in Überfluß, die Landwirtschaft blühte, Handwerk, Handel und Wissenschaft waren hoch entwickelt. Breite Kanäle durchzogen das Land. Mauern mit großen Toren, überzogen mit einer glänzenden Metallegierung aus Kupfer, Zink und Zinn, die dem warmen Ton einer Kupfer-Gold-Legierung glich, schützten die Städte. Die hochseetüchtigen Schiffe der Atlanter befuhren den Ozean in allen Windrichtungen. Der Sage nach fiel Atlantis dem Gott Poseidon zu, als die Lichtwesen die Erde untereinander aufteilten. Der Poseidontempel war mit Gold geschmückt, und seine Wände waren mit Silber verkleidet. Zehn atlantische Könige hielten in diesem Tempel ihre Ratssitzungen ab. Ihr Denken war aufrichtig und in allen Dingen milde und großzügig. Mit Gleichmut betrachten sie ihre Macht und ihren Reichtum. Mit Gleichmut betrachteten sie ihre Macht und ihren Reichtum. Die wichtigste Bestimmung beinhaltete, niemals die Waffen gegeneinander zu erheben und in allen Lagen einander zu helfen. Die Land- und Seestreitkräfte bestanden aus 1,2 Millionen Mann, und die atlantische Bevölkerung zählte viele Millionen Menschen. Irgendwann ließ sich Atlantis Furchtbares zuschulden kommen. Die Götter beschlossen darauf, es zu bestrafen.«

Warum sie den ganzen Kontinent dem Untergang weihten, blieb auch in den alten ägyptischen Schriftrollen ein Geheimnis. Das Ausmaß der Katastrophe war von ungeheurer Wirkung. Man entdeckte in unserer Zeit an zahlreichen Fundstellen des amerikanischen Doppelkontinents Überreste von Tausenden von Tieren mit zerfetzten Gliedern. Vermischt mit zersplitterten Bäumen lagen sie über Dutzende von Kilometern verstreut. Die durch die Katastrophe ausgelöste enorme Hitze ließ alles Metall der Atlanter schmelzen. Massensterben von Tieren auf allen Kontinenten war die Folge. Ganze Faunen gingen durch diese Katastrophe unter.

Ägyptische Priester beschrieben den Untergang

Die Gründe für den Untergang bleiben auch in den Schriftrollen ein Geheimnis

*Der Untergang
aus der Sicht
ägyptischer
Priester*

*Vermutungen
über den
Untergang
Atlantis*

Atlantis mit folgenden blumenreichen Worten:
»Der Sohn des Sonnengottes konnte den Wagen seines Vaters mit den Pferden nicht mehr zügeln. Er
stürzte auf die Erdoberfläche, verbrannte dabei alles
und kam selbst um.«

Wahrscheinlich wurde diese Katastrophe durch
einen Wandererplaneten in unserem Sonnensystem
hervorgerufen. Die alten Sumerer reihten diesen als
zwölften Planeten in ihr astrologisches Weltbild ein.
Unser heutiges Sonnensystem bestand für sie aus
der Sonne, dem Mond, den zehn Planeten, die man
heute kennt, und einem weiteren, sehr viel größeren
Planeten. Dieser war der Wohnsitz ihrer Götter
oder Lichtwesen und der zwölfte Planet unseres
Sonnensystems. Seine Umlaufzeit um die Sonne betrug ein ›sar‹, was 3600 Erdenjahren entsprach.

Auf dieser kometenähnlichen eliptischen Umlaufbahn – so steht es geschrieben – gelangte der
Planet von einer weit entfernten ›Station‹, zwischen
Mars und Jupiter hindurch, in Erdnähe. Dabei
kreuzte er die übrigen Planetenbahnen. Wegen dieser Stellung, die auf einer 4500 Jahre alten sumerischen Zeichnung zu sehen ist, wurde er ›Nibiru‹
(Kreuzung) oder ›Selbstleuchtender Anu‹ genannt.
Ein Kreuz war sein Symbol, das auch soviel wie
›wahrer Mensch‹ bedeutet. Wenn dieser Planet sich
der Erde näherte, besuchten die Götter sie mit ihren
Himmelsschiffen. In der assyrischen ›Atra-Hasis-
Legende‹ wissen die Götter oder Lichtwesen von
der bevorstehenden Katastrophe. Sie verlassen die
Erde in ihren Götterwagen, ohne die Menschen vor
der gewaltigen Sintflut zu warnen. Nur ihr Held
Atra-Hasis ist die Ausnahme und überlebt. Er
gleicht der Gestalt Noah oder Utnapischtim. Weinend kauern die Götter in ihren Himmelsschiffen,
als sie der entsetzlichen Zerstörung auf der Erde zusehen müssen.

Der griechische Philosoph Platon erklärte die Katastrophe von Atlantis wissenschaftlich mit einer zu starken Annäherung des Wanderplaneten an die Erde. Dadurch sei sie aus dem Gleichgewicht geraten, und die Erdachse habe sich verschoben.

Dem gewaltigen Feuersturm folgte eine ungeheure Flut, die Atlantis in die Tiefe riß. Nur einige wenige Priester konnten sich retten.

Die Erklärung Platons zur Katastrophe

Die Schlange als Symbol der Wiedergeburt und des atlantischen Wissens

Bei den Atlantern galt die Schlange als Symbol für ihr enormes Wissen. Deshalb bezeichnete ein ägyptischer Papyrus aus der zwölften Dynastie das versunkene Atlantis auch als Insel des geheimen Schlangenkults. Der ›Caduceus‹ war ein Symbol dafür. Heute noch ist es – als Äskulapstab – Wahrzeichen der Ärzte und der Heilkunst: zwei Schlangen, die sich um einen Stab winden.

Insel des geheimen Schlangenkults

Bei den Atlantern bedeutete dieses Symbol aber weit mehr als die Kunst des Heilens. Es betraf ihr gesamtes kosmisches Wissen, daß im Licht-Tantra seinen Ausdruck findet.

Die Schlange als Symbol des gesamten kosmischen Wissens

Dieses göttliche Wissen brachte schon lange vor der erwähnten Sintflut der Oberste der Hohenpriester von Atlantis nach Ägypten. Man nannte ihn ›Djehuti‹ oder ›Thoth‹. Ägypten hieß damals ›Khem‹ (das Wort Alchemie stammt davon ab).

Thoth war der erste König des geeinten Ägypten. Er war aber auch für die alten Ägypter der Erfinder der Schrift, der Musik und der Astrologie. Er galt als Gesetzgeber, Gott der Magie und Verfasser der heiligen Bücher. Als Lehrer der Isis begründete er den Isis- und Osiris-Kult. Der Hohepriester Thoth wird mit dem Äskulapstab dargestellt.

Die Verbreitung atlantischen Wissens

Ein Grieche, Hermis Trismegistos, brachte Tausende Jahre später dieses Symbol und das damit verbundene atlantische Wissen nach Griechenland. Sein Schüler war der griechische Arzt Äsklapios. Mit seinen beiden Töchtern gründete er den berühmten Tempel der Heilkunst und die Orakelstätte von Epidauros. Hier wurden körperliche und seelische Krankheiten geheilt. Die berühmteste Heilanwendung bestand darin, im Inneren des Tempels für längere Zeit zu schlafen. Durch die hierbei erlebten Traumbotschaften oder Visionen fand man heraus, wer man war und was man wirklich wollte.

Die Schlange galt in Griechenland als Symbol für den evolutionären Pfad der Seele und als Göttin des universellen weiblichen Prinzips

Die Schlange symbolisiert durch ihre spiralförmigen Windungen den evolutionären Pfad der Seele. Sie symbolisierte aber auch die Macht der Schwingung und ihrer Wellen im kosmischen Geschehen. In den Fruchtbarkeitskulten repräsentierte sie als Göttin das universelle weibliche Prinzip. Sie stand für Geburt und Erschaffung von Leben sowie für Auferstehung durch Wiedergeburt und Regeneration. Erst später ersetzte man sie durch Götter, und die Schlange wurde zum Phallussymbol.

Frauen als Python-Priesterinnen leiteten den Tempel von Delphi. Ursprünglich hieß diese berühmte Orakelstätte Pythos. In der untersten Kammer des Tempels lebte die große Pythonschlange. Sie galt als Symbol der zurückweichenden Flut von Atlantis und dessen dadurch wieder freigelegten göttlichen Wissens. Apollo als griechischer Gott der männlichen Stärke und des Lichtes erschlug diese Schlange. Die Macht der Frauen wechselte dadurch in die Hände der Männer über.

Das Mysterium der Astralreise und der Weissagung

In jener Zeit verband man die Esoterik oder die Religion weniger mit Glauben als mit der Wucht der direkten Erfahrung und Erkenntnis daraus. Die niederen Mysterien und Einweihungen wurden von den Priestern kollektiv in den Tempeln durchgeführt. Jeder konnte daran teilnehmen. Aber nur wenige erhielten Zugang zu den höheren Initiationen. Zwischen sieben bis zehn Jahren warteten die Auserlesenen auf die höheren Einweihungen. Diese Zeitspanne war notwendig, um sie darauf vorzubereiten, in die Pforten des Todes geleitet zu werden. Priester versetzten den Auserlesenen in einen Zustand der Trance. Dabei wurde sein Bewußtsein aus seinem Körper geleitet und in astrale Sphären versetzt. Dort begegnete er Lichtwesen, die ihm in seinem veränderten Bewußtseinszustand völlig wirklich und sogar greifbar erschienen. Danach kehrte er in seinen realen Körper zur Erde zurück. Da er nun die Pforten des Todes kannte, konnte er ihm furchtlos begegnen, denn er war von seiner Unsterblichkeit überzeugt.

Einweihungen durch den Priester

Im alten Ägypten gab es eine besonders interessante Initiation, die das Wissen der Astralprojektion dabei praktisch anwandte. Dabei prüften die Hohenpriester die Eignung des Kandidaten zum Orakel. Nach einer einwöchigen Diät, Meditation und rituellen Waschungen, brachte man das zukünftige Orakel in die Königinnenkammer der Großen Pyramide. Man hüllte ihn dort wie eine Mumie in Leinen ein, wobei Priesterinnen Gebete rezitierten und ihm heilige Symbole auferlegten. Schließlich legte man ihn als lebendige Mumie in einen Sarkophag, den man mit einem zwanzig Zentner schweren Deckel verschloß. Nun wandte das

Die Anwendung der Astralprojektion in Ägypten

zukünftige Orakel den Zustand der Trance an, versetzte sich in eine Art Scheintod und verließ dabei den Körper. Der freigewordene Geist bereiste während der folgenden neun Tage die vier Regionen Ägyptens. In dieser Zeit informierten Läufer die Priester, was während dieser Zeit Außergewöhnliches im ganzen Land geschehen war. Nach neun Tagen befreitete man den Kandidaten und prüfte seine astralen Fähigkeiten. Stimmten seine Erzählungen mit den Ereignissen im Lande überein, wurde er zum Orakel gewählt, dem höchsten Stand im alten Ägypten. Dies beweist übrigens, das die damalige Esoterik weniger mit intellektuellen Spekulationen als mit handfesten Erfahrungen verknüpft war.

Astralprojektionen bei Mayas, Azteken und Navajo

Nicht nur in Ägypten oder Griechenland, sondern auch bei den Mayas, Azteken und Navahos in Nordamerika gab es solche Astralprojektionen von Orakeln. Man nannte sie Schamanen oder Magier. Magie bedeutete damals nicht nur esoterisches Wissenspotential oder Beherrschung von übersinnlichen Fähigkeiten, sondern schloß auch die verschiedensten Wissenschaften der Medizin oder Astronomie ein. Den Maya-Priestern war der Zeitraum von rund 25 000 Jahren, den die Sonne auf ihrem Weg durch die zwölf Zeichen des gesamten Tierkreises braucht, bekannt. Dieses Wissen benutzten sie nicht nur für den bis heute gültigen exakten Zeitkalender, sondern sie verbanden es auch für astrologische Bestimmungen, Schicksalsdeutungen und Astralreisen zu den Lichtwesen. Über Jahrtausende sammelte man das Wissen und brachte es mit dem Schicksal des Menschen in Verbindung. Liebe und Glück stehen in engem Zusammenhang mit dem kosmischen Geschehen, denn in jedem Individuum ruht das verborgene Wissen der Lichtwesen aus Atlantis. Es wartet nur darauf, sich zu erkennen geben zu dürfen.

Rätselhafte Schriftrollen aus Atlantis

Der Schlüssel dazu lag in geheimnisvollen Dokumenten verborgen, die, wie mir meine Meister berichteten, in den großartigen Bibliotheken von Alexandrien und Babylon aufbewahrt wurden. Beide Mysterien des jahrtausendalten Wissens wurden zerstört und damit die Vergangenheit des rätelhaften Lemuriens und des sagenumwobenen Atlantis. Die sagenhafte Sphinx erinnert noch heute daran. Thoth, der Hohepriester von Atlantis, brachte die Schriftrollen nach Ägypten. Die gesamte Urgeschichte war darin festgehalten. Sie enthielten auch die geheimen Kenntnisse der Naturphilosophie, Heilkunde, Alchemie sowie Beschreibungen von magischen Praktiken. Isis-Priester hüteten diese Dokumente eifersüchtig über sechs Jahrtausende. Die von Ptolemäus I. begründete Bibliothek in Alexandrien war die größte der Welt. Mehr als 700 000 Werke, darunter diese uralten Schriftrollen, ruhten hier als gut gehüteter Schatz: literarische und philosophische Kostbarkeiten aus Atlantis und des gesamten Altertums neben Texten antiker Priesterweisheiten. Vierzig Schriftrollen des gesammelten Werkes Manethons, eines ägyptischen Priesters und Geschichtsschreibers, der Zeitgenosse des Ptolemäus II. war, bildeten das Kernstück der grandiosen Bibliothek. Sie gewährten Einblick in das gesamte Ritual Atlantis' und des alten Ägyptens. Die Beschreibung sumerischer, chaldäischer und babylonischer Kulte sowie astrologischer, alchimistischer und magischer geheimnisvoller Rituale vervollständigten die Sammlung.

47 v. Chr. ließ Cäsar 400 000 Schriftrollen zerstören, und etwa vierhundert Jahre später wurden noch einmal viele Schriftrollen durch Kriegswirren vernichtet. 646 n. Chr. schließlich wurde auf Befehl

Thoth, der Hohepriester von Atlantis, brachte das jahrtausendealte Wissen nach Ägypten

Ptolemäus I. begründete die größte Bibliothek der Welt in Alexandrien

Die Vernichtung der Schriftrollen und Zerstörung der Bibliothek

des Kalifen Omar die großartige Bibliothek in Brand gesteckt und vollständig vernichtet. Der Koran sollte das ›Buch der Bücher‹ sein und kein anderes Wissen daneben Platz haben.

Die ›Tabula Smaragdina‹

Um Christi Geburt wurde in der Cheops-Pyramide eine Smaragdtafel, die ›Tabula Smaragdina‹ gefunden, welche das geistige Testament des Hohenpristers Thoth enthielt. Fast alle abendländischen Weisheitslehren betrachten diese ›Tabula Smaragdina‹ als ihr Vermächtnis. Die erste lateinische Übersetzung stammt aus dem 12. Jahrhundert. Die Grundlage dazu geht aber auf arabische Vorlagen und die wieder auf griechisch-alexandrinische Quellen zurück. Die Tafel sagt in kurzen Worten ausgedrückt: »Alles auf Erden ist ein Abbild der Kräfte, die vom Himmel ausstrahlen.« Licht-Tantra faßt es noch kürzer und prägnanter in den wenigen Wörtern zusammen: »Wie oben, so unten.«

Das Wissen der memphitischen Theologie über Atlantis und Licht-Tantra

Was stand in den über Jahrtausende gehüteten Dokumenten der memphitischen Theologie des alten Ägyptens über Atlantis und das Licht-Tantra auf Papyros geschrieben?

»Als Lichtwesen habe ich alle Formen, als es weder Himmel noch Erde gab, erschaffen. In Wahrheit sind alle Götter nur der Ausdruck eines Gottes, wie die Glieder eines einzigen Körpers. Erhebt der Mensch sich zu den Göttern, dann wird er zu einem Stück des Ganzen.«

Im alten Ägypten baute man die herrlichsten Tempelanlagen, in denen Eingeweihte Zugang zu ihrem Lichtwesen finden konnten. Nur bis zum Mittelteil durften die Gläubigen und Adepten mit der niedrigsten Weihe gehen. Dieser bestand aus einer großen, rechteckigen, von zwei riesigen Pfeilern begrenzten Fläche. Eine doppelte Säulenreihe umgab diesen Ort, der dem Gott Osiris geweiht war.

Dem Eingangstor gegenüber lag eine Pforte, auf deren Steinrahmen folgendes stand: »Rein ist, wer diese Schwelle überschreitet.« Nur den höheren Eingeweihten war es vorbehalten, diese Schwelle zu überschreiten und in das Tempelinnere zu gelangen. Daran schloß das ›Heiligtum der Barke‹ an. Allein den obersten Priestern und dem Pharao war es erlaubt, in dieses zentrale Mysterium vorzudringen, denn hier lag das Geheimnis aller Geheimnisse. Dieses ›Allerheiligste‹ bestand aus einem rechteckigen, pyramidenförmigen Granitblock, in den eine Öffnung gehauen war. Darin verbarg sich, hinter einem dichten Schleier verborgen, die geistige Wesenheit – das Ureine.

Was aber verbarg sich wirklich dahinter? War es eine Statue oder ein energetischer Lichtkanal zu den Lichtwesen jenseits der Galaxien?

Dahinter lag die Schriftrolle, die über das atlantische Wissen und das Licht-Tantra berichtete.

Das ägyptische Wissen über Atlantis und Licht-Tantra

Der atlantische Hohepriester Thoth übergab sie Nanethos, dem Hohenpriester der ersten Pharaonen Ägyptens, zur Aufbewahrung in Granitblöcken. Altägyptische Urkunden sowie die niedergeschriebenen Aussagen des Hohenpriesters Manethon und der antiken Geschichtsschreiber wie Herodot und Plutarch bestätigen die Existenz dieser Schriftrollen. Nur Eingeweihte wurden, nachdem sie schwere Prüfungen betanden hatten, vor den heiligen Schrein geführt und aufgefordert, die Hand durch den Schleier in die Öffnung zu strecken, um den Geist des Ureinen, des einzigen wahren Gottes, wahrzunehmen, der sie in die Urheimat allen Seins entschweben ließ. Sie durften in diesem Moment ›die Geburt des Alls‹, des Universums, der Erde, der Pflanzen und Tiere und zuletzt der Menschen, als Krönung der Schöpfung, miterleben. Wie in einem Zeitsprung sahen sie die Ge-

Das Buch Thoth

schichte längstvergangener Kulturen, wie die von Lemurien und Atlantis.

Die altägyptische Religion ist voller Geheimnisse, und auf ihrem Mysterium lastet eine Art dunkler Fluch, der schon manchen Forscher und Gelehrten auf der Suche nach dem Buch Thoth, welches das Wissen von Atlantis und den Lichtwesen enthielt, getroffen hat. Sie entweihten alte Gräber, fanden aber doch nicht das Wesentliche. Dieses Buch, vom Hohenpriester Thoth niedergeschrieben, enthielt den geheimen Schlüssel zum zukünftigen Schicksal der Menschen und folgende Erkenntnis im Licht-Tantra: »Das Lichtwesen trägt immer das Antlitz des Menschen, der zu ihm findet.«

Das Tarot des atlantischen Hohenpriesters Thoth

Zigeuner brachten das Wissen der Schriftrollen nach Europa

An dieses Buch des Schicksals erinnern noch heute die Tarotkarten. Zigeuner brachten sie im 12. Jahrhundert n. Chr. von Ägypten als ›Karten des Thoth‹ nach Europa mit. Es waren eigentlich illustrierte Seiten jener verbrannten Schriftrollen des Hohenpriesters Thoth. Die alten Mythen der Zigeuner erzählen, daß ihre Ahnen als Priester und Magier im alten Ägypten lebten. Dadurch hatten sie Einblick in jene Schriftrollen, in denen alles über Atlantis und deren Wissen niedergeschrieben stand.

Da mein Vater selbst Zigeuner ist, weiß ich darüber viel mehr. Was ich über das Tarot sagen darf, ist, daß es einst mehr als ein Spiel mit Karten wie zum Beispiel das Tarock war. Die heutigen Spielkarten erinnern an die damaligen Tarotkarten, die ursprünglich allerdings aus 77 plus einer Karte, dem Narren, bestanden. Er bedeutete die Zahl Null, denn das Fundament des Tarot ist die Zahlenmystik.

Die Esoterik veranschaulichte den Symbol-Charakter der Tarot-Karten

Das Tarot des Thoth

Erst in den späteren Jahrhunderten veranschaulichte die Esoterik den ursprünglichen Symbolcharakter in gezeichneten Bildern. Zum Beispiel steht der
Adler für Freiheit und höchste Transformation.

Tarot enthält die   Ursprünglich war es ein Buch der Symbole, wel-
›Sprache der   ches nur für Eingeweihte und nicht für Laien be-
Lichtwesen‹   stimmt war. Es spiegelt die Beziehung zwischen
Mensch und Kosmos wider. Mit seiner Hilfe ließ
sich die ›Sprache der Lichtwesen‹ entziffern.

Kaum in Europa aufgetaucht, wurde das Tarot
von der Kirche als Teufelwerk verdammt. Man reduzierte es auf vierzig Karten und entmystifizierte
es durch die Verwendung als Spielkarten. Dadurch
verlöschten die letzten Spuren des heiligen Buches
Thoths.

Wiederbelebt wurde Tarot im 19. Jahrhundert
mit Aleister Crowleys ›Thoth Tarot‹. Für den Fall,
daß Sie sich damit befassen wollen, sei Ihnen emp-
fohlen, die Originalfassung seines Werkes, das
›Buch Thoth‹, zu Rate zu ziehen.

Wahre Weisheit   Die Karte des Magiers im Tarot ist dem legendären
ist, Wissen und   authentischen Hohenpriester Thoth gewidmet. Es
Erfahrung in die   ist die Karte der Weisheit, die veranschaulicht, daß
Tat umzusetzen   Weisheit nicht alleine auf Worte und Wissen begründet ist. Wahre Weisheit bedeutet im Licht-Tantra, das
eigene Wissen und die Erfahrung damit im Dienste
der Liebe und des Lichts in die Tat umzusetzen.

Der Zauberstab – Antenne zu den überirdischen Mächten

Der Magierstab des atlantischen Hohenpriesters
Thoth symbolisiert sozusagen eine Antenne zu den
überirdischen Mächten. Er ist der geheime Schlüssel
zur astralen Dimension im Licht-Tantra, die man
durch den Astralkörper erfährt. Dieser ist ein fein-

Foto 71

stofflicher, zweiter Körper des Menschen, der den physischen und den Ätherleib umfaßt. Der Ätherleib schließt unmittelbar an den physischen Körper an und ist der Träger der Lebensenergie. Im Gegensatz dazu umfaßt der Astralkörper das Seelische und ist Sitz der Wünsche, Gefühle und des Gedächtnisses, wo auch die Erinnerung an frühere Leben gespeichert ist. Zusammen mit dem Ätherleib bildet er die Aura. Durch eine subtile Verbindung ist er mit dem Körper verbunden und beginnt nach dem Tode eines Menschen in der Astralwelt ein neues Dasein.

Der Astralkörper ist ein feinstofflicher zweiter Körper, der den physischen und den Ätherleib umfaßt

Diese neue Existenz kann sich aber von dem bisherigen Leben hier auf der Erde nur dann unterscheiden, wenn der Mensch sich bereits in diesem Leben weiter entwickelt und vervollkommnet hat. Sonst kann sich auch in der astralen Welt nichts verändern und alles bleibt beim Alten.

Astralkörper und Ätherleib bilden die Aura des Menschen

Als Symbol der Veränderung gilt der Zauberstab der Zauberer, Schamanen, Magier und Hexen. Ähn-

*Der
Zauberstab ist
das Symbol der
Veränderung*

lich wie der Magierstab des Thoth stellt er als Antenne die Verbindung zur astralen Dimension her
(Foto 71). Das untere und obere Ende des Zauber-
stabes bilden zwei spitz zulaufende Bergkristalle.
Der mittlere Teil ist ein hohler Stab, der mit zerklei-
nerten Bergkristallsplittern gefüllt und mit einem
Kupferdraht umwickelt ist. Als perfekter Energieleiter verbindet er den Magier mit der kosmischen
Kraft, den Mächten des ›Himmels und der Erde‹. Es
ist das weite Land der astralen Erfahrung, die sich
nicht nur dem Magier oder Schamanen, sondern jedem Menschen für kurze Momente öffnet. Dazu
zählt der Traum, in dem alles möglich ist, besonders
aber die Nahtod-Erlebnisse.

Nahtod-Erlebnisse

*Die Phasen der
Nahtod-
Erlebnisse*

Nach den heutigen Untersuchungen des amerikanischen Arztes Raymond A. Moody, der Schweizer
Ärztin Kübler-Ross und vielen anderen stellen sich
die Nahtod-Erlebnisse in folgenden Phasen dar:
a) Man hat das Gefühl, wie durch ein Tunnel aus
dem Körper auszutreten und darüber zu schweben.
b) Es erscheinen bereits verstorbene Verwandte,
Freunde oder Bekannte und auch fremdartig aussehende Wesen, die von einem übernatürlichen Licht
umhüllt sind.
c) Es ist, als ob das eigene Leben an einem vor-
beizieht und man sich damit in allen Einzelheiten
auseinandersetzt.
d) Schließlich begegnet einem das höchste Wesen, welches von gleißendem Licht umstrahlt ist
und einem das Gefühl von größter Harmonie und
Glück gibt.
e) Rückkehr des klinisch Toten in den physischen Körper. Er empfindet darüber Enttäuschung,
denn zu schön war jene übersinnliche Erfahrung in
der astralen Dimension.

Die astrale Dimension der Liebe

Denkbar ist aber auch, daß diese Erlebnisse an die
Geburt erinnern und Parallelen zum Tod zeigen. Bei
der Geburt trennt man sich vom Mutterleib, beim
Tod läßt man den eigenen Körper zurück.

Die Erfahrung der   Das Licht-Tantra sowie das ägyptische und tibe-
Erleuchtung   tische Totenbuch gehen in ihren Sterbeberichten
noch einen Schritt weiter und erklären dies mit folgenden Worten: »In dem Moment, wo sich das Leben und der Körper dem Tod zuneigt, erfährt man
in der Begegnung mit dem ›höchsten Wesen‹ sich
selbst, unverhüllt und im strahlenden Licht.« Es geschieht die Verschmelzung mit seinem eigenen
Lichtwesen und damit ein neues Dasein in einer anderen Dimension. Dadurch kehrt man nicht wieder
in seinen Körper zurück oder wird auf Erden wie-
dergeboren. Diese Erkenntnis oder Erfahrung
nennt man im Licht-Tantra die Erleuchtung.

Findet man bereits in diesem Leben zu seinem
Lichtwesen, dann gibt es keinen Tod oder leidvolles
Sterben. Jede Körper- und Gehirnzelle verändert
sich energetisch auf die Schwingung der astralen
Ebene hin, und es wird einem mehr und mehr Ein-
blick in die erstrahlende, neue Dimension gewährt.
Als unterstützend bei dieser ganzheitlichen Wand-
lung gilt der Bergkristall.

Bergkristall – der Stein der Weisheit

Die Symbolik des   Der Bergkristall galt in Atlantis als ›Stein des
Bergkristalls in   Lichts‹, der einen zu seinem Lichtwesen hinführt.
verschiedenen   Der Glanz des Quarzes, der mit dem Regenbogen
Epochen   und der Sonne verglichen wurde, war ein Symbol
für Hellsehen und Weisheit. Die alten Griechen
nannten ihn ›krystallos‹, das Eis. Die Römer sahen
im Bergkristall den Sitz der Götter. Für sie galt er als
Symbol für Mut und Treue in der Liebe. Indianer le-

gen ihren Neugeborenen zum Schutz vor allem Bösen einen Bergkristall in die Wiege, Buddhisten erhoffen sich durch die Kraft des Bergkristalls in der Meditation den Weg zur vollkommenen Erleuchtung zu finden. Die heutige Technik verwendet den Quarz als Schutz gegen UV- und gegen Computerstrahlen.

Bergkristalle erhalten ihre Eigenschaften durch das über Millionen Jahre alte ›Urwasser‹. Es ist äußerst energievoll und rein. Die energetische Saugkraft des Bergkristalls verwandelt negative in positive Strahlen. Die Kristalle des Quarzes wirken wie kleine Laser, welche ein starkes Kraftfeld für uns und um uns herum erzeugen. Durch seine sechsseitige pyramedalen Endungen bündelt er Strahlen aus dem Kosmos und wirkt als kraftvoller Energiestein auf die Energiezentren des Menschen.

Die Hauptenergiezentren

Im Licht-Tantra gibt es sieben Hauptenergiezentren. Sie wirken als Energieleiter und laden den astralen Körper mit subtiler Energie, dem ›Prana‹ oder ›Chi‹ auf. Astrale Kanäle bauen ihn wie ein subtiles Netzwerk auf und lassen den astralen Körper in der überirdischen Poesie eines Regenbogens in unzähligen Farbnuancen erstrahlen. Wie eine Tonleiter wirken die Energiezentren durch das harmonische Zusammenspiel eines gigantischen Schwingungszaubers, der den astralen Körper erschauern läßt. Jedes Energiezentrum ist für sich autark und von den anderen Zentren unabhängig. Zur vollen Blüte und Entfaltung gelangt es aber erst, wenn es im ständigen Fluß und Energieaustausch mit den anderen Energiezentren ist. Öffnet sich ein Energiezentrum, dann wird enormes Energiepoten-

Sieben Hauptenergiezentren

Ständiger Fluß und Energieaustausch miteinander führt die Energiezentren zur Entfaltung

tial frei. Sind alle Zentren durchlässig, dann gleicht
der astrale Körper einem energievollen Feuerwerk.

Die Öffnung der   Die sieben Hauptenergiezentren liegen in der
Hauptenergie-   Wirbelsäule im Rückenmark, eingebettet im rück-
zentren   wärtigen Lichtkanal oder Meridian, der mit dem
vorderen Lichtkanal verbunden ist. Symbolisch
entspricht die vordere Körperseite dem Bewußtsein
und die rückwärtige Körperseite dem Unterbewuß-
ten. Öffnen sich die Hauptenergiezentren, dann
strahlen sie wie ein Kraftwerk zur vorderen Körperseite und öffnen den vorderen Lichtkanal oder
Meridian. Damit erblüht der Beckenbereich als Se-

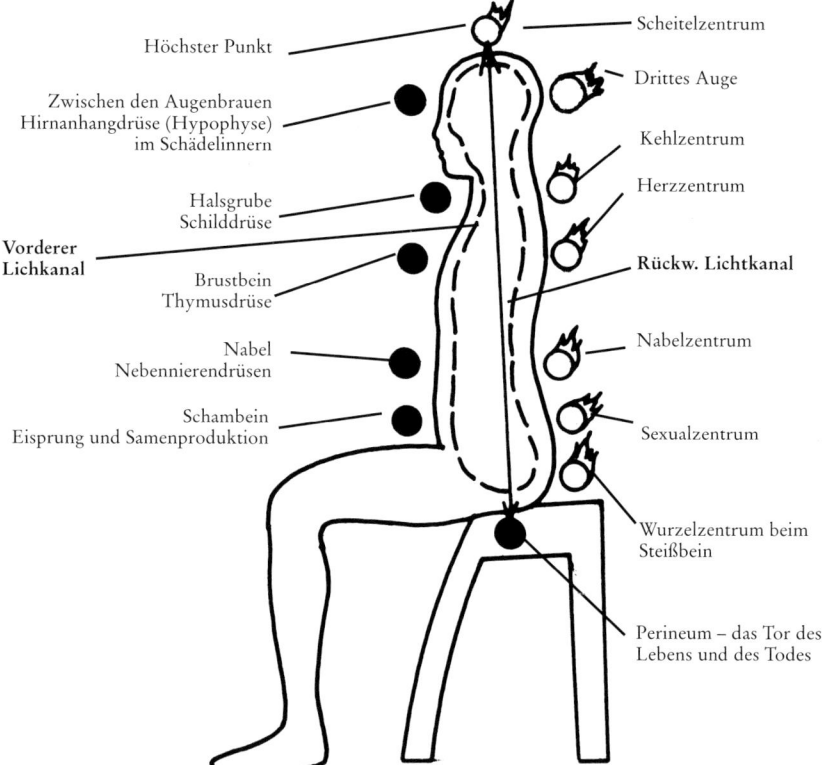

*Der vordere und rückwärtige Lichtkanal (Meridian) mit den sieben
Hauptenergiezentren*

xualzentrum, das Herz als Zentrum der Liebe und die Spiritualität als geistiges Potential im Schädelbereich. Aber auch zwischen dem Bewußt- und Unterbewußtsein, dem energetisch-körperlichen und astralen, entwickelt sich ein Austausch- und Erfahrungsprozeß, durch den man lernt, begreift und sich mithin weiterentwickelt.

Der Bleikristall unterstützt diese Vorgänge. Er harmonisiert und klärt die Aura, indem er mit seiner reinen und starken Energie jedes Energiezentrum öffnet. Besonders wirkt er auf das Stirnzentrum. Deshalb verwendet man ihn als Hilfsmittel zur Energiedurchlässigkeit, Aufladung und zur Meditation.

Der Bleikristall unterstützt die Öffnung der Hauptenergiezentren

Energieaufladung durch Obsidian und Bergkristall

Machen Sie dazu folgende Energieübung:
Sie liegen auf dem Rücken.

Energieübung

a) Legen Sie den schwarzen Obsidian auf das Schambein und den Bergkristall auf die Stirn (Foto 72).

b) Entspannen Sie sich, und stellen Sie sich vor, wie der Obsidian vom Schambein nach rückwärts zum Steißbein und der Bergkristall von der Stirn in den gesamten Schädel strahlt.

c) Die Wirbelsäule verbindet als Lichtstrahl das unterste mit dem obersten Zentrum. Wie von selbst, ohne Zutun, erblühen nun die anderen Chakren, und ein wärmendes Wohlgefühl durchströmt ihre Brust und ihr Herz.

Manche Menschen betrachten die Wirkung der Steine als Scharlatanerie. Erstaunlich ist es aber, daß die besondern Eigenschaften des Bergkristalls in der heutigen Zeit wiederentdeckt wurden. Er kann zum Beispiel Strahlen in Licht und Tonsignale umsetzen.

Foto 72

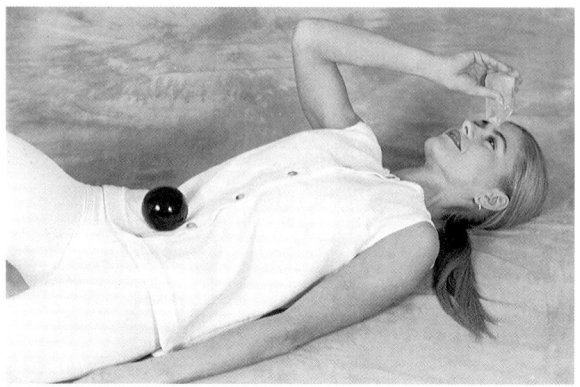

Deshalb ist er zu einem wichtigen Bestandteil bei Funkgeräten, Uhren und sogar Computern geworden.

Die alten Kulturen sprachen dem Quarz übernatürliche Kräfte zu

In den alten Kulturen sprach man dem Quarzkristall übernatürliche Kräfte zu. Die Schamanen nannten ihn ›festgewordenes Licht‹ oder ›lebender Stein‹. Besonders in der australischen, indianischen und ozeanischen Magie verwendeten Schamanen den Bergkristall. Sie bedienten sich seiner Macht, indem sie ihn zum Beispiel als Zauberwaffe geistig in den Körper des Feindes projizierten, so daß dieser daran sogar sterben konnte. Danach kehrte der Bergkristall wie ein Bumerang zu seinem Besitzer zurück. Übertrug ein Schamane einem Novizen sein Können und Wissen, schenkte er ihm auch seinen Bergkristall. Fand er keinen Nachfolger und starb, dann begleitete nach alten Legenden der Bergkristall als ›reines Licht‹ seine Seele zum Himmel. Führte ein Schamane eine Fernheilung durch, dann sandte er dem Kranken seinen Bergkristall, der dessen unheilvolle Energie in sich aufnehmen sollte. Wenn er ihn zurückbekam, umtanzte der Schamane den Kristall und befreite ihn mit Hilfe seines Schutzgeistes von der negativen Energie. Dadurch heilte er den Kranken und gab ihm seine Gesundheit wieder zurück.

Als Heilstein wirkt der Bergkristall besonders stabilisierend auf das Nervensystem, stärkt die Drüsenfunktion, das Herz, die Lymphen und den Kreislauf. Er hilft auch gegen Kopfschmerzen sowie bei Darm- und Verdauungsproblemen. Besonders aber löst er emotionale und körperliche Energieblockaden.

Der Bergkristall als Heilstein

Die Schaltzentren zu übersinnlichen Erfahrungen

Im Licht-Tantra entspricht der Zauber- oder Magierstab des Hohenpriesters Thoth der menschlichen Wirbelsäule. Die beiden Bergkristalle stellen den unteren Pol, das Sexualzentrum im Steißbein und Beckenbereich und den oberen Pol, das Schädel- oder Gehirnzentrum dar. Die Bergkristallsplitter gleichen dem Rückenmark. Darin liegen die Nervenfasern, welche zwischen Gehirn und Körper eine Verbindung herstellen. Außerdem nimmt man über sie Kontakt zur Außenwelt auf. Sieht, hört, schmeckt, riecht, fühlt oder ertastet man etwas durch seine Sinne, dann leiten sie es nach innen zum Gehirn und speichern es dort. Handlungen und Taten, die man ausführen möchte, leiten sie vom Gehirn zum Körper und dessen Organen. Die Energiezentren sind die dazugehörigen Schaltzentren. Die Darstellung von zwei Schlangen als Spiralbewegung um den Magierstab Thoths symbolisieren die beiden subtilen Kanäle, durch welche die Mond- und Sonnenenergie fließt. Die Aktivität des Gehirns und die Sphäre der Seele mit ihren Gefühlen und Emotionen werden durch diese Energien bestimmt. Die Überschneidung der Spiralbewegung deutet die

Die beiden Bergkristalle stellen den unteren und oberen Pol dar

Energiezentren oder Schaltstellen an. Da die Son-
nen- und Mondenergie untereinander oft nicht aus-
geglichen ist, leidet die Aktivität der Energiezentren
darunter. Man fühlt sich dann entweder schwach
und deprimiert oder überreizt und gestreßt. Die
Unausgeglichenheit zeigt sich auch darin, daß man
gerne etwas Bestimmtes erleben möchte, der Verstand einen davon jedoch abhält. Das innere Gleichgewicht stimmt nicht, und man schwankt von einem
Extrem ins andere.

Oft macht man die positiven Gefühle der Freude und des Erfülltseins von seinen Mitmenschen abhängig. Man sucht die Befriedigung also ›draußen‹.
Dadurch verliert man den Kontakt zu seinem Körper und den Gefühlen.

Ist dieses Verhaltensmuster einmal wirksam,
dann setzt es sich von selbst immer weiter fort. Man
zehrt von Erfahrungen und Erinnerungen an frühere Erlebnisse, indem man sich gedanklich darin ver-
strickt. Die Gefühle sind dann in Wirklichkeit nur
noch Gefühle aus zweiter Hand, und man geht am
eigentlichen Leben, dem Moment, gänzlich vorbei.
Der Energiefluß im Kopfzentrum nimmt zu, der
Fluß der Energie im Herzzentrum und im Becken
nimmt ab. Man empfindet in der Kehle ein würgen-
des Gefühl unbestimmter Angst, das als extreme
Spannung empfunden wird. Erst wenn die Energie
im gleichen Maße auf Kopf, Herz und das Sexualzentrum im Becken verteilt wird, kommt man wirklich mit seinen Sinnen, echten Gefühlen und der Sexualenergie in Berührung. Der untere Pol, das
Zentrum der Lust und des Fühlens, und der obere
Pol, das Zentrum des Denkens und des ›Ich-Be-
wußtseins‹, verschmelzen miteinander.

In diesem Moment bildet das Denken und
Fühlen eine Einheit, und man erkennt: ›Ich denke
und fühle zugleich, daher bin ich.‹ Jetzt entwickelt

*Gleichmäßige
Verteilung von
Energie auf
Kopf, Herz und
Sexualzentrum
bringt echte
Gefühle und
Sexualenergie*

sich das ›Tonal‹ als Trennendes zum ›Nagual‹ als Zusammenfügendes. Statt das Leben von äußeren Aktivitäten allein abhängig zu machen, entdeckt man die innere Welt und die Empfindungen seines Herzens, die ›klärenden Gefühle‹. Die konträren Energien verschmelzen zu einem gemeinsamen Energiestrom, der alle Energiezentren zum Erblühen bringt. Man erwacht zum eigentlichen Leben.

Licht-Tantra erkannte schon vor langer Zeit, daß diese Energiezentren auch außerplanetarische Durchgangspforten zu übersinnlichen Erfahrungen und außergalaktischen Raumreisen sind. Es gibt ähnlich fortschrittliche Techniken im höheren Yoga sowie in den geheimen Astralprojektionen der alten Ägypter und auch im Schamanismus der Indianer. Man versetzt sich in eine Art todesähnlichen Zustand und verläßt seinen leblos daliegenden Körper mit seiner Astralhülle. Es gehören intensive Vorbereitungen durch Körperübungen, Atmung und andere Techniken dazu, bis man dafür bereit ist.

Energiezentren sind Durchgangspforten zu außergalaktischen Raumreisen innerhalb kürzester Zeit

Auf jeden Fall dringt man über die Durchgangspforten der Energiezentren auf Zeit- und Raumspuren, auf welchen Reisen zu weit entfernten Galaxien innerhalb kürzester Zeit möglich sind. Es öffnen sich dabei auch Dimensionen, in denen man in Kontakt mit subtilen Welten und deren energetischen Wesen kommt. Dies geschieht auf einer Ebene, die jegliche Vorstellung sprengt und mit Worten kaum erklärbar ist. Stellen Sie sich, liebe Leser vor, daß Sie Zeuge einer Levitation wären. In diesem Moment öffnet sich für Sie eine Erfahrungsebene, die Ihr Bewußtsein kaum ertragen würde. Entweder würden Sie in einen Schockzustand geraten oder sich in Besinnungslosigkeit flüchten. Ihr Verstand würde es nicht erfassen, weil Sie nicht darauf vorbereitet sind.

Ähnliches geschah vor Jahren in Tibet, wie ein

Die Dimension von geballter Energie entsteht durch das Praktizieren der ›höheren Techniken‹

Meister mir erzählte. Drei in der Einsamkeit lebende Yogis mit schamanischen Fähigkeiten meditierten und widmeten sich dort ihren Übungen. Einige Touristen, die auf Sensationen aus waren, erhielten von dort lebenden Nomaden Kenntnis darüber. Sie machten sich auf den Weg und beobachteten heimlich, ohne die dort praktizierenden Yogis um Erlaubnis zu fragen, diese bei ihrer Meditation. Einer der Yogis lag dabei auf dem Rücken, der andere verharrte in einer Sitzposition und der Dritte stand aufrecht in einer Yogahaltung. Plötzlich ging eine Art flimmerndes Licht von ihren Körpern aus und ein vibrierender Ton wurde hörbar. Wie ein Blatt im Wind erhoben sich die Meditierenden vom Boden und schwebten einige Meter hoch frei in der Luft. Dies war für die neugierigen Betrachter zuviel. Sie verloren das Bewußtsein, als sie Einblick in eine neue Dimension erhielten und eine für sie fremde Weld sich vor ihnen auftat. Diese Dimension voll von geballter Energie ertrugen sie nicht.

Im Licht-Tantra gibt es noch unzählige andere Phänomene, die sich durch das Praktizieren der ›höheren Techniken‹ einstellen. Es ist daher immer wichtig, sich erst einmal in Einklang mit sich selbst und dem Kosmos zu bringen – wozu einem die Sexualenergie verhilft.

Sexualenergie – mentale Power

Die Aktivierung von individueller Reife und spirituellem Wachstum entwickelt sich über die sexuelle Vereinigung

Die Sexualenergie und der damit verbundene Kundalini-Effekt stehen in engem Zusammenhang mit der individuellen Reife und dem spirituellen Wachstum des Menschen. Die Aktivierung dieser Lebenskraft entwickelt sich über die sexuelle Vereinigung. Sie zaubert einen Rausch der Sinne, der Gefühle, der Lust sowie erotische Bilder und eine vertiefte Körperwahrnehmung hervor. Diesem Hochgefühl ist nichts gleichzusetzen und bleibt der intensivste Gefühlsaustausch zwischen Mann und Frau. Eigentlich dreht sich alles im Leben darum. Dem anderen Geschlecht zu gefallen, es erotisch anzuziehen und sein Begehren zu wecken, bestätigt einen selbst in seiner Persönlichkeit. Verläßt einen der geliebte Mensch, dann versinkt die Welt um einen, und das Leben verliert manchesmal seinen Sinn. Umarmt man einander, spürt den Atem, die Haut, dann erblühen die Lust und die Liebe, und es wandelt sich alles zum Guten wie im Paradies. In diesem Moment ist alles möglich, und es gibt weder Raum noch Zeit. Dies geschieht, weil in dem Moment der Liebe und sexuellen Vereinigung der Austausch von vermehrten Hormonen die Wahrnehmung des Nervensystems und des Gehirns verändern. Man verspürt eine lustvolle Spannung und den Wunsch sich sexuell zu entladen. Diese Spannung geht Hand in Hand mit einer Energieaufladung. Durch ein zu kurzes Liebesspiel kann die Energieaufladung aber nicht nachhaltig genug wirken, um die Lebenskraft als Kundalini-Effekt zu erwecken. Deshalb erlischt in der Ejakulation nicht nur das Feuer der sexuellen Lust und Leidenschaft, sondern es beginnt sich die aufgeladene Energie rasch abzubauen. Es kommt im sexuellen Höhepunkt zum Bewußtseinsausfall. Dabei lädt sich das Zuviel an Spannung im Gehirn ab. Starker Streß, überwältigende Probleme, Nervosität und Unruhe lösen sich dadurch für kurze Momente, und man entspannt sich.

Im Moment der Lust und Liebe wandelt sich alles zum Guten wie im Paradies

Im Licht-Tantra gibt es aber auch eine andere sexuelle Erfahrung: Man lädt sich durch die Kraft der Sexualenergie auf, öffnet die Energiezentren und regt dadurch das Gehirn an. Wie geschieht dies?

Die Sexualenergie regt die Tätigkeit des Gehirns an

Der untere Pol in der menschlichen Wirbelsäule ist als Sexualzentrum mit dem oberen Pol, dem Ge-

Aufladung durch die Kraft der
Sexualenergie

Die Energie-
zentren leiten
die Sexual-
energie zum
oberen und
unteren Pol

Oragsmus
drückt das
innere
Hochgefühl
aus

hirn und der Hirnrinde, in Verbindung. Die Energiezentren sind die subtilen Schaltstellen, welche die
Sexualenergie zu dem oberen oder unteren Pol leiten. Dies geschieht über die endokrinen Drüsen und
deren Hormonausschüttung. Bevor man zum sexuellen Höhepunkt, dem Orgasmus, kommt, wird die
Sexualenergie freigesetzt, entlädt sich über die Ejakulation oder strömt als belebende Kraft zum Gehirn und in den Organismus.

Orgasmus und Ejakulation sind nicht dasselbe.
Orgasmus drückt bei Mann und Frau das innere
Hochgefühl aus, und ist das Resultat des Gebens
und Nehmens im Liebesspiel. Ejakulation hingegen
ist der äußere Ausdruck des sich ergießenden Sa-

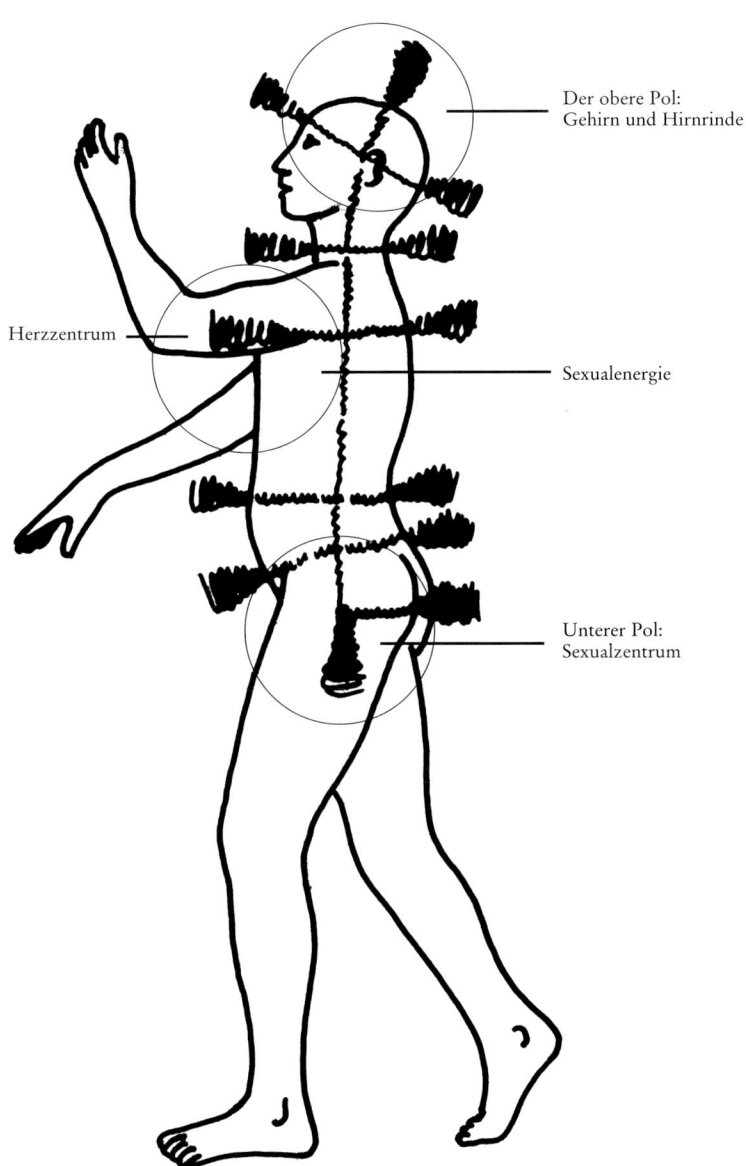

Der obere Pol:
Gehirn und Hirnrinde

Herzzentrum

Sexualenergie

Unterer Pol:
Sexualzentrum

Der untere und der obere Pol mit den sieben Energiezentren

Die Ejakulation ist der äußere Ausdruck der Lebensessenz

mens oder Liebesnektars, der im Licht-Tantra als Lebensessenz oder Sexualenergie beschrieben wird. Führt das lustvolle Liebesspiel nach kurzer Explosivität zur vorzeitigen Ejakulation, dann genügen die kurzen Energiespitzen des sexuellen Höhepunkts nicht, um den Kundalini-Effekt als Lebenskraft zu aktivieren. Es wird zu wenig Sexualenergie freigesetzt, was besonders beim Mann zur abrupten Stillung der sexuellen Lust und zur körperlichen Erschöpfung. Bei der Frau hingegen löst des öfteren der Orgasmus mit dem sich ergießenden Liebesnektar den Wunsch nach weiteren, intensiveren Orgasmen aus.

Das Symbol für die Frau ist das Wasser und für den Mann das Feuer. Das Feuer entflammt rasch und erlischt auch bald. Das Wasser benötigt aber länger an Zeit, um sich zu erhitzen. Deshalb sollte der Mann sich für das Liebesspiel mit der Frau mehr Zeit lassen und damit in ihr die Lust und Leidenschaft entfachen.

Sexualenergie potenziert sich im beiderseitigem Geben und Nehmen

Im Zusammenspiel des beiderseitigen Gebens und Nehmens potenziert sich bei beiden die Sexualenergie. Es entwickelt sich mehr an Energie, die Orgasmen oder Energiehöhepunkte dauern länger an. Dadurch erblühen die Energiezentren in der Wirbelsäule. Der Körper wandelt sich in subtile Energie um, in der jede Liebesposition möglich ist. Alte Darstellungen aus dem Licht-Tantra erinnern daran.

Während des Liebesspiels stellt sich der Mann sein Glied über den Damm bis zum Ansatz der Wirbelsäule, dem Steißbein, verlängert vor. Die Frau sieht ihre Vagina von der Scheide über den Damm bis ebenfalls zum Steißbein vertieft. Nähert sich nun die sexuelle Lust dem Höhepunkt, dann halten die Liebenden inne und spüren die prickelnde Sexualenergie. Statt sich wie gewohnt zu entladen, absor-

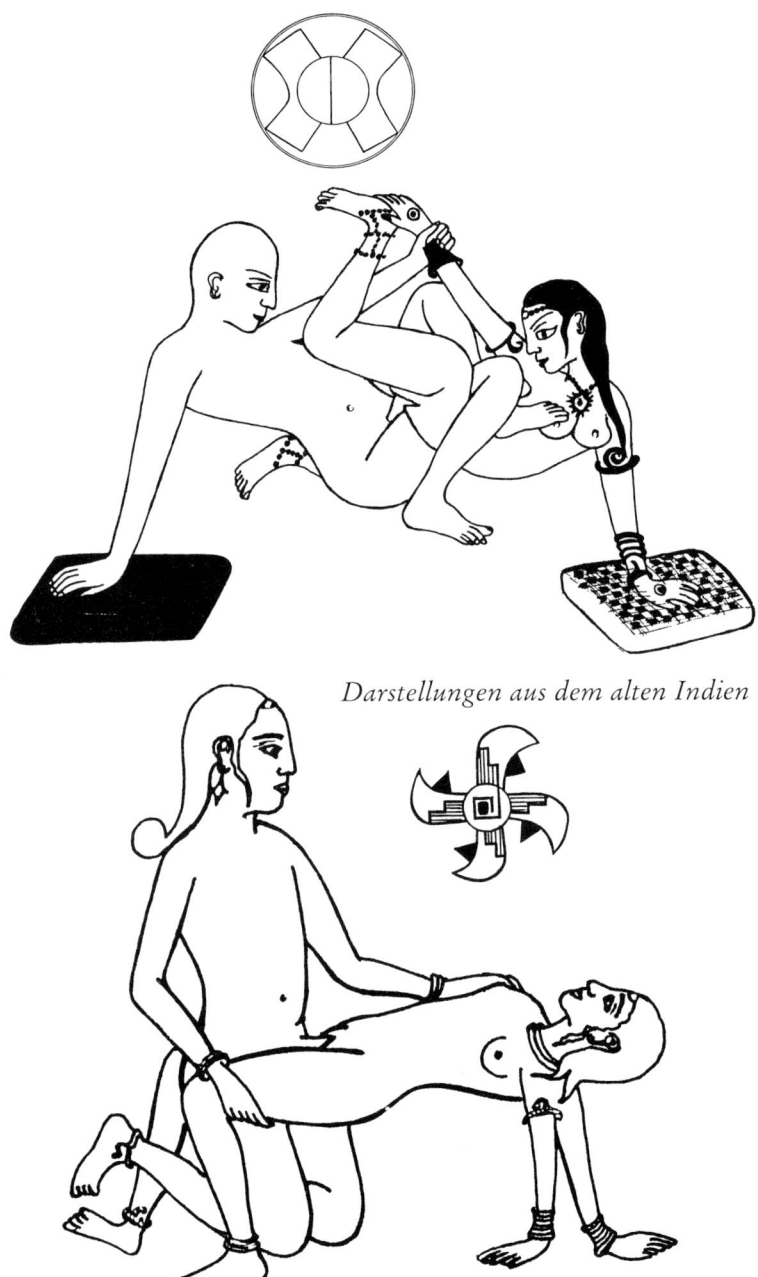

Darstellungen aus dem alten Indien

Darstellung aus dem alten Indien

*Der Kundalini-
Effekt im Licht-
Tantra*

bieren sie diese lustvolle Energie voneinander. Dies
findet statt, indem man über die Genitalien und das
Anziehen des Liebes- oder PC-Muskels diese Lie-
besessenz zum Ansatz der Wirbelsäule, dem Steißbein, hinaufzieht. Während des Einatmens stellt
man sich nun vor, wie es als elektrisierendes, lustvoll
vibrierendes Gefühl über die Wirbelsäule nach oben
zum Nacken strömt. Stellen Sie sich dabei eine subtile Verbindung zwischen dem unteren Pol, dem Sexualzentrum, und dem oberen Pol, dem Schädel-
zentrum, vor, und pumpen Sie über die Einatmung
die Energie von unten nach oben hoch. Spüren Sie
dabei ein Kribbeln in der Wirbelsäule? Dies wird
im Licht-Tantra als Kundalini-Effekt bezeichnet.
Schließen Sie nun die Augen, und blicken Sie nach

innen in den Schädel. Drücken Sie dabei zart die Zungenspitze über die Schneidezähne zum Gaumen. Entspannen Sie das Gehirn, und lassen Sie Ihre sexuelle Lust sich als Lichtermeer darin ergießen. Sie bauen damit ein größeres Energiepotential auf, das Ihre Hirnzellen mit mehr Energie durchflutet. Wiederholen Sie es, solange es Ihnen Lust und Freude bereitet. Ziehen Sie vor jedem sexuellen Höhepunkt die prickelnde Sexualenergie über die Wirbelsäule wieder nach oben zum Gehirn. Sie können auch das Liebesspiel durch eine kraftvolle Ejakulation oder einen Orgasmus beenden.

Da nur ein Zehntel des Gehirns aktiv ist, laden sich durch die vermehrte Sexualenergie die noch ruhenden Gehirnbereiche und deren brachliegende Zellstrukturen auf. Dazu gehört auch die Großhirnrinde, der Sitz der höheren geistigen Schichten. Diese benötigen den größten Energiebedarf zum Evolutionssprung. Das Denk- und Erinnerungsvermögen sowie die Intuition verbessern sich. Neue schöpferische Fähigkeiten energetisieren sich, Selbstheilungskräfte und Regenerationsfähigkeiten stellen sich ein.

Die Großhirnrinde ist Sitz der höheren geistigen Schichten

In der weiblichen Scheide und auf dem Phallus des Mannes gibt es Akupunkturpunkte, die auf den Organismus heilend wirken. Deshalb sollten sich auch während des Liebesspiels die Genitalien an jeder Stelle berühren.

Akupunkturpunkte wirken auf den Organismus heilend

Das Ziel der Sexualität im Licht-Tantra ist aber, das ›erweiterte Bewußtsein‹ zu entwickeln, die schöpferische Genialität zu fördern und zu seinem Lichtwesen zu finden. Erkennt man sich selbst und seinen Partner im Spiel der Lust und Liebe als energetisierende Energie, in der man verschmilzt, dann öffnen sich astrale Dimensionen unerschöpflicher Leidenschaften und Sinnlichkeiten. Ejakulation oder Zurückhaltung soll aber spontan gefällt wer-

Ziel der Sexualität ist, das ›erweiterte‹ Bewußtsein zu entwickeln

den. Eine zu starke Unterdrückung kann auch schwächend wirken und die Lust an der Sexualität und Liebe schmälern. Die wohltuendste und gewinnbringendste sexuelle Vereinigung für das Liebespaar im Licht-Tantra ist aber die beschriebene gegenseitige Absorption.

Die Auswirkung des galaktischen Zentrums auf die Evolution des Menschen

Das Schicksal einer Zivilisation steht in Zusammenhang mit dem kosmischen Geschehen

Warum ereignet sich im Schicksal einer Zivilisation oder eines einzelnen Menschen gerade dieses zu gerade jenem Zeitpunkt? Warum geschieht es nicht früher oder später? Die Antwort im Licht-Tantra lautet darauf: Weil es mit dem kosmischen Geschehen, dessen Gesetzen, besonders aber mit jedem selbst zu tun hat.

Der Mensch glaubt mit Hilfe seiner hochentwickelten Technik und Wissenschaft in der Lage zu sein, alles kontrollieren und bestimmen zu können. Daß dies nicht zutrifft, beweisen globale Katastrophen. Sie zeigen sich durch die Vergrößerung des Ozonlochs, Erdbeben oder leidvolle Schicksalsschläge, die ganze Zivilisationen oder einzelne Menschen treffen. In Momenten der Besinnung, spürt man, daß es etwas Größeres als den Menschen geben muß.

Nach neuesten Schätzungen existieren 50 Milliarden Galaxien im Universum

Auf der der Tagung der Amerikanischen Astronomischen Gesellschaft in Texas in diesem Jahr wurden Bilder des Hubble-Teleskops mit sensationellen Neuigkeiten vorgeführt. Danach dürften statt der bisher geschätzten zehn Milliarden rund fünfzig Milliarden Galaxien im Universum existieren. Nur ein Prozent der Gesamtmasse des Universums machen sämtliche beobachteten Himmelskörper, Gase, Sterne oder Galaxien aus.

Dazwischen werden große Mengen von unsichtba-
rer dunkler Materie, die aus atomatisierten Sternen, den ›Weißen Zwergen‹ und ›Schwarzen
Löchern‹, bestehen, vermutet. Ihr Nachweis
könnte nach Ansicht vieler Astronomen unter an-
derem erklären, warum die Galaxien nicht ausein-
anderfallen, sondern eine kosmische Einheit bilden. Es ist, als ob dahinter ein göttlicher Plan
stehe.

Zu den aus Milliarden bestehenden Galaxien
gehört auch unsere. Sie liegt ein wenig außerhalb,
und hat ein eigenes Zentrum. Zu ihrem Sternenhau-
fen gehört unsere Sonne, ihre Planeten und Monde
und unser Heimatplanet. Mit der Geschwindigkeit
einer Kanonenkugel rast die Erde in einer eliptischen Bahn um die Sonne. Der Mond ist dabei ihr
ständiger Begleiter. Gleichzeitig dreht sie sich um
die leicht schräggestellte Erdachse und beschert uns
dadurch den Tag und die Nacht sowie die vier Jah-
reszeiten. Wie der Mond zum Beispiel Ebbe und
Flut unserer Weltmeere bewirkt, so schenkt die
Sonne der Erde und deren Lebewesen Licht und
Wärme. Auch die anderen Planeten unseres Sonnensystems haben eine bestimmte Auswirkung auf
den Menschen. Dies erkannten das Licht-Tantra
und die alten Völker. Sie brachten die Gestirne mit
dem Schicksal des Menschen in Verbindung und
entdeckten noch Zusätzliches.

Die heutige Astrologie und Astronomie bekräf-
tigt dies durch folgende Erkenntnisse:

Die Erde einschließlich unseres Sonnensystems
bewegt sich mit einer unerklärlichen ›Schlingerbe-
wegung‹ durch den Weltenraum, als ob sie durch
eine unsichtbare Spirale mit irgend etwas verbunden sei. Diesem Rätsel wollten unsere Astronomen
auf die Spur kommen und suchten nach dem anderen mit uns verbundenen Körper. Zuerst grenzte

*Die Auswirkungen
der stellaren
Konstellationen auf
den Menschen*

*Unser
Sonnensystem ist
mit der Gruppe
des Hundsstern
verbunden*

man es auf ein bestimmtes Gebiet ein und entdeckte
dabei die Gruppe des Hundsstern als Gegenpol zu
unserem Sonnensystem. Vor fünf Jahren war es
dann möglich, einen Stern daraus, den Sirius A, an-
zupeilen, und man stellte fest, daß die Erde und unser Sonnensystem mit Sirius A verbunden sind und
sich spiralförmig durch das Weltenall bewegen. Es
scheint, als würden wir das Schicksal mit jenem
Stern teilen. Hatten die alten Zivilisationen und der
noch heute lebende afrikanische Stamm der Dogon
doch recht? In ihren Mythen wird von außerplanetarischen Besuchern berichtet, und manche glaubten sogar, von ihnen abzustammen.

*Spiralverbindung
der Erde mit
Sirius A*

Diese Spiralverbindung der Erde mit dem Sirius
A entspricht aber auch der Helix des DNA-Mo-
leküls, in dem alle Erbinformationen seit Anbeginn
des Lebens gespeichert sind. Vielleicht existieren auf
dem Planeten Sirius A Wesen, deren Gene und
Chromosomen unseren gleichen, und mit welchen
wir ein gemeinsames Bewußtsein entfaltet haben.
Sicherlich aber gibt es eine Verbindung zwischen
der Erde und dem restlichen Kosmos.

*Die elliptische
Bahn der Erde
nimmt Einfluß
auf die Evolution
des Menschen
und aller Wesen
auf der Erde*

Eine ganz besondere Verbindung dieser Art findet gerade statt: Meine Meister des Licht-Tantra
erzählten mir, daß sich die Erde und unser Sonnensystem in einer elliptischen Bahn dem Zentrum
der Galaxis nähert und dann wieder entfernt. Der
elliptische Umlauf, auf dem die Erde und unser
Sonnensystem sich dem Zentrum der Galaxis
nähert, dauert ca. 25 500 Jahre. Dadurch richtet
sich auch die Erde in eine neue Konstellation zu
den Tierkreiszeichen aus. Diese sowie die subtile
Strahlung des galaktische Zentrums wirken auf die
Evolution des Menschen und aller Wesen auf der
Erde.

Als unser Heimatplanet dem Scheitelpunkt des
galaktischen Zentrums am nächsten stand, erblüh-

ten das Wissen und die menschliche Zivilisation auf den Kontinenten Lemurien und Atlantis. Der menschliche Intellekt stand damals auf seiner höchsten Entwicklungsstufe. Je mehr sich unser Sonnensystem vom galaktischen Zentrum entfernte, desto zerstörender wirkte es sich durch Katastrophen auf dem Planeten Erde aus. Die beiden Kontinente gingen unter, die Erdpole verschoben sich, und es entstand eine neue Eiszeit.

Blütephasen und Katastrophen der Menschheit stehen in Verbindung mit der elliptischen Bahn der Erde

In der Übergangsphase, die 900 Jahrhunderte andauerte, breitete sich unter der damaligen Menschheit eine Art von Schockzustand über diese Katastrophe aus. Danach entwickelten sich neue Zivilisationen, die auf hohem moralischen und spirituellen Niveau standen. Je weiter sich unser Heimatplanet vom galaktischen Zentrum zum gegenüberliegenden Scheitelpunkt auf der elliptischen Umlaufbahn entfernte, desto mehr verfielen menschliche Toleranz und Würde. Um Christi Geburt bis etwa 500 n. Chr. dauerte das dunkle Zeitalter an. Ihm entspricht im Licht-Tantra das Kali-Yoga. Es teilt die Evolution des Menschen und seiner Kulturen in Zeitabschnitte, Yugas, ein. In den darauf folgenden Übergang vom dunklen zum lichten Zeitalter fällt die Wende zu wissenschaftlichen Entdeckungen. Kepler, Galilei und Leonardo da Vinci waren einige der Wegbereiter in Europa. Seitdem hat sich das Wissen derart gesteigert, daß die NASA bei der Speicherung dieses geistigen Potentials in dafür speziellen Computern für Jahre im Hintertreffen ist.

Für jeden Menschen ergibt sich die Chance, an dieser globalen Evolution teilzuhaben. Nicht von ungefähr hat sich gerade in unserer Zeit das Satellitencomputersystem ›Inter-Net‹ entwickelt, über das man an alle Informationen gelangen kann.

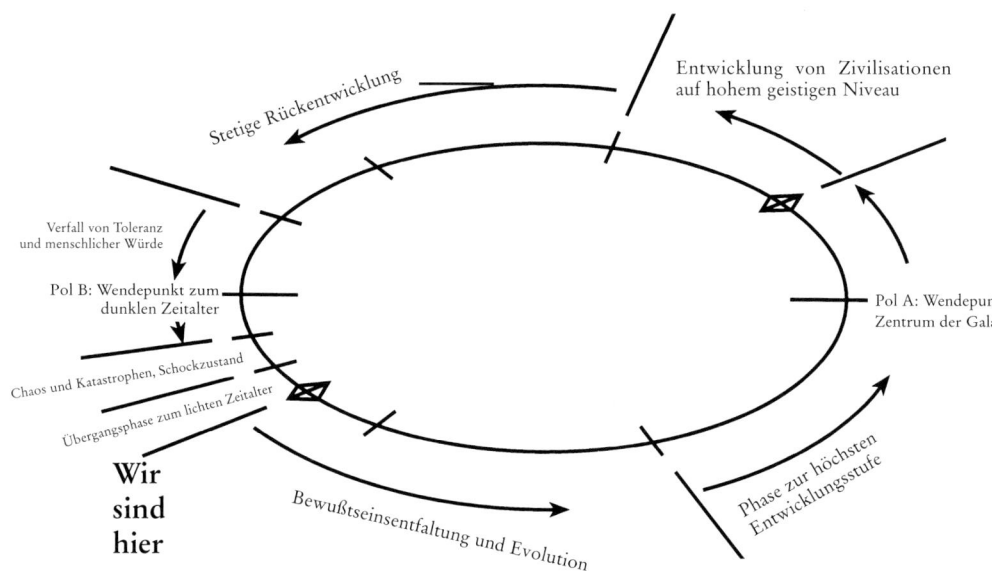

Die Zeit des Licht-Tantra bietet die Chance zur Weiterentwicklung

Die Zeit des Licht-Tantra ist angebrochen. Viele Menschen begreifen noch nicht die wiederkehrende Chance einer mentalen Weiterentwicklung. Sie werden den Anschluß an die neue Phase verpassen, weil sie nicht erwachen wollen und im dunklen Zeitalter der Vergangenheit weiterleben. Die Erklärung dafür liegt in dem Begriff ›morphogenetisches Feld‹. Es wurde vom englischen Biochemiker Rupert Sheldrake in unserer Zeit geprägt, der meint, daß das Universum nicht nach unveränderlichen Mustern, sondern nach im Laufe der Zeit durch Wiederholungen entstandenen Gewohnheiten folgt. Jeder Form und jedem Verhalten liegt ein solches ›morphogenetisches Feld‹ zugrunde. Es ist gleichsam das Gedächtnis und stellt sicher, daß der gleiche Vorgang erneut abläuft. Je mehr Wiederholungen stattfinden, desto stärker wird dieses Feld.

Das ›morphogenetische Feld‹

Dies trifft natürlich auch auf den Menschen und die Automatisierung seines Verhaltens und bestimmter Angewohnheiten zu. Jung bezeichnete es als das kollektive Unbewußte. Es ist schwer für den einzelnen Menschen, aus seinem üblichen Verhaltens- und Bewußtseinsfeld auszubrechen. Immerhin betrifft es seine Persönlichkeit. Und wer möchte daran wirklich etwas verändern? Als Neuland der Entdeckungsreise ist es wie eine zweite Geburt und trifft den Menschen bis in seine Grundwerte. Die kosmisch astrologische Veränderung ist bereits durch die Wiederannäherung an das galaktische Zentrum und die unüberschaubaren Informationen an Wissen eingeleitet worden. Das ›morphogenetische Feld‹ im Universum, und auch natürlich im Menschen selbst, hat sich bereits geändert und dies schon seit einem längeren Zeitraum. Damit hat sich auch das Wesen im Menschen stark verändert. Mehr und mehr Menschen öffnen sich dieser Veränderung. Dies zeigt sich in der positiven Einstellung zur Umwelt – Erhaltung der Tier- und der Pflanzenwelt. Es entwickelten sich Interessensgemeinschaften (Greenpace) sowie Staaten- und Wirtschaftsbünde. Der Mensch beginnt sich in Toleranz und menschlicher Reife weiterzuentwickeln: Schwächeren Nationen wird beigestanden; atomare und chemische Waffen werden nicht mehr weiter entwickelt oder gehortet, sondern vernichtet oder zumindestens reduziert. Es gibt noch viele Beispiele. Immer mehr stabilisiert und entwickelt sich ein neues und kreativeres ›morphogenetische Feld‹, in dem der einzelne Mensch seine persönliche Weiterentwicklung mehr und mehr selbst in die Hand nehmen will. Daraus entsteht ein ›Netzwerk‹ atemberaubender Möglichkeiten, an dem sich jeder beteiligen kann.

Immer mehr Menschen öffnen sich dem ›morphogenetischen Feld‹ im Universum und streben nach größerer Toleranz und Reife

Schatten- und Lichtwesen

*Vertrauen zu den
Schattenwesen*

Licht-Tantra ist der Ansicht, daß es in uns ein Schatten- und ein Lichtwesen gibt. In meinen Seminaren fühlen sich manche Teilnehmer von dem Ausdruck ›Schattenwesen‹ getroffen. Sie haben sogar Angst davor, diesem durch Trancetanz oder andere schamanische Praktiken zu begegnen. Ich erkläre ihnen dann immer, daß dieses Schattenwesen mit ihnen selbst zu tun hat, es eigentlich ständig präsent ist und sie mehr Vertrauen zu ihm entwickeln sollen. Dadurch verliere man die Angst davor.

Normalerweise lebt der Mensch im ›Tonal‹, dem ›Doppelt-Sehen‹. Es ist, als ob zwei Seelen in seiner Brust leben, und er von diesem inneren Zwiespalt hin- und hergerissen wird. Ertappt sich nicht manchmal ein jeder von uns bei folgendem Gedanken: In diesem Moment bin ich so, und plötzlich ändert sich mein Wesen vollkommen konträr dazu. Dies entspricht dem Schattenwesen in einem, dem Verborgenen, das uns oft gegen unseren Willen lenkt. So lange man davor Angst hat, bleibt es verborgen und lenkt einen gegen den eigenen Willen. Dies betrifft nicht nur die eigenen negativen, sondern auch die positiven Werte.

*Nehmen Sie
ehrliche
Komplimente an*

Viele Menschen sträuben sich gegen ehrliche Komplimente, wie: du bist schön, du bist klug, du bist etwas Besonders. Sicherlich liegt der Schlüssel zu dieser Abwehr in der Kindheit. Damals brachten einem die Eltern oder andere Bezugspersonen bei, daß man ein häßliches Entlein sei und zu nichts tauge. In den Jahren des Erwachsenwerdens hat man es aber zu etwas gebracht, der Partner liebt und verehrt einen, und doch leidet man unter Selbstzweifel.

›Doppel-Sehen‹

Will man aus diesem Chaos des ›Doppel-Sehens‹ herausfinden, darf man davor nicht die Augen verschließen, sondern muß ihm entgegentreten. Sowie die verborgenen Schattenwelt hervortritt, fällt das Unheimliche und Zwiespältige wie ein abgetragenes Kleid oder eine Maske von einem ab. Man erkennt sich. Man erscheint in das Licht des ›Naguals‹ gehüllt.

Verschmelzung mit seinem Lichtwesen

Astralsiegel

Die folgenden Astralsiegel oder Mudras öffnen die Pforte zum galaktischen und zum eigenen Zentrum:
Setzen Sie sich dazu auf einen Stuhl, wobei beide Füße fest auf dem Boden stehen, oder nehmen Sie im Schneidersitz auf dem Boden Platz.

1. Siegel der Losgelöstheit

Sie sitzen aufrecht, die Hände liegen auf den Knien (Foto 73). Entspannen Sie sich, während Sie ruhig ausatmen. Wie durch einen Zauber öffnet sich Ihre Schattenwelt, und wie ein Raumschiff gleiten Sie

Öffnung der Schattenwelt

Foto 73

langsam hinein. In gelöster Haltung begegnen Sie Ihren Gefühlen und Gedanken, gleichgültig wie zwiespältig, negativ oder positiv sie scheinen. Haben Sie keine Angst, denn alles was zu Tage kommt, hat etwas mit Ihnen zu tun. Erfaßt Sie aber Unbehagen, oder wollen Sie bestimmten Gefühlen oder Gedanken nicht begegnen, dann nehmen Sie die Position des Schutzsiegels ein.

2. Siegel des Schutzes und der Geborgenheit

Wohlgefühl der Geborgenheit

Kreuzen Sie die Arme in geringem Abstand vor Ihrer Brust, wobei die Kuppe von Zeigefinger und Daumen sich sanft berühren, die restlichen Finger durchgestreckt werden. Stellen Sie sich einen astralen Schutzwall vor, der Sie vor äußeren oder inneren Einflüssen beschützt (Foto 74). Nichts kann Sie angreifen oder Ihnen weh tun. Es ist, als ob sich jemand um Sie kümmert und ganz für Sie da ist. Es ist Ihr Schutzgeist. Ein Wohlgefühl der Geborgenheit

Foto 74

Die Verschmelzung zweier Lichtwesen

durchströmt Sie, und Sie nehmen das Siegel der Hingabe und Selbstliebe ein.

3. Siegel der Liebe und Hingabe

Angst verwandelt sich in Mut

Die gekreuzten Arme berühren Ihre Brust, wobei Sie die Handflächen auf die Schultern legen und das Kinn sanft nach unten senken (Foto 75). Sie fühlen sich geborgen und behütet. Liebe und Mitgefühl zu sich selbst und zu allen Wesen erfüllt Sie. Nehmen Sie Ihre Schattenwelt, das ›Tonal‹, an, und spüren Sie die Kraft, die Ihren gesamten Organismus durchströmt. Die Angst verwandelt sich in Mut, und alles Kraftnehmende verwandelt sich in Kraftgebendes.

Foto 75

4. Siegel der Sicherheit

Strecken Sie den rechten Arm, den Zeigefinger und den Daumen wie einen zielsicheren Speer nach vorne. Die linke Hand ballt sich zur Faust und weist

zur Stirn (Foto 76). Ihre Schattenwelt ist hervorge- *Selbstfindung*
treten, und Ihr Schutzgeist wacht über Sie und gibt
Ihnen Sicherheit. Sie verstehen die Zeichen und nehmen die Botschaft der Schattenwelt sicher und ruhig
an. Es ist ein Teil von Ihnen. Verzeihen Sie sich selbst,
und Sie werden frei und freier von aller Schuld.
Nichts hält Sie mehr vom Ziel der Selbstfindung ab.

Foto 76

5. Siegel der Spontaneität und Intuition

Ihre linke Hand umfaßt das rechte Handgelenk, *Richtiges Handeln*
wobei sich die Unterarme parallel zum Boden befinden. Das Gefühl des Zauderns wandelt sich zu
Entschlossenheit. Sie handeln immer richtig, weil
Sie sich selbst vollkommen vertrauen. Spontan gehen Sie Ihren Weg durchs Leben und nichts hält Sie
davon ab. Sie sind ein Krieger, der sein Schicksal fest
in die Hand nimmt. Intuitiv erkennen Sie jeden
Schritt Ihrer Feinde, handeln wie ein Samurei und

Foto 77

sind Ihrem Gegner bei jeder Handlung oder Tat voraus. Im spontanen Tanz der Intuition öffnet sich in Ihnen eine Vision. Sie sehen die Sternenwelt des Universums und darin das leuchtende Zentrum.

6. Siegel des inneren Gleichgewichts

Inneres Gleichgewicht   Halten Sie ihre Hände so vor den Nabelbereich, daß sich die nach vorne gestreckten Zeigefinger berühren, die Daumen sich kreuzen und die restlichen Finger verschränkt sind. Die Ellenbogen stehen seitlich ab (Foto 78). Konzentrieren Sie sich auf die Wirbelsäule, Ihren inneren Zauberstab, der Sie zu den kosmischen Kräften und zu Ihrem Lichtwesen führt. Sie stehen jetzt als Antenne zu allen kosmischen Wesen in guter Verbindung. Ihrer Hilfe und Zugetanheit können Sie sicher sein. Nichts bringt Sie mehr aus dem inneren Gleichgewicht, denn festgewurzelt stehen Sie im Einklang mit allem.

Foto 78

7. Siegel der Freiheit

Ihre Arme sind seitlich abgewinkelt. Daumen, Zeige- und Mittelfinger sind nach oben gestreckt, die beiden letzten Finger nach unten gebogen (Foto 79). In dieser königlichen Haltung gleichen Sie einem Schamanen, Pharao oder Priester. Ihre Schattenwelt, das ›Tonal‹, ist aus der Dunkelheit ans Licht, dem ›Nagual‹, hervorgetreten. Der Schutzgeist wird zum Lichtwesen, in dem Sie sich selbst erkennen.

Sie erkennen sich selbst

In Ihrer Vision sehen Sie sich als Adler, der sich in die Lüfte emporhebt. Im weiten Schwingen Ihrer Flügel blicken Sie auf Ihr bisheriges Leben. Es ist, als ob Sie sich dabei höher und höher erheben, Ihr Leben sich als Vergangenheit auflöst und sich neue Welten auftun. Mehr und mehr nähern Sie sich dem galaktischen Zentrum und damit Ihrem Selbst als Lichtwesen.

Sie verstehen nun, wohin die Reise im Licht-

Tantra führt. Das Rätsel des Lebens ist für Sie ent-
schlüsselt. Im Trommelschlag der Schamanen sind
Sie nun ein Krieger des Licht-Tantra geworden, der
die Höhen und Tiefen seines Lebens im Spiralnebel
der Evolution klar und klarer erkennt. Über dem
Himmelsgewölbe erstrahlt die Sternenwelt im kosmischen Licht der Begegnung mit Ihrem neuen Wesen. Ein neue Welt hat sich aufgetan, und Ihre innere Sonne läßt alles in den herrlichsten Farben
erstrahlen.

Foto 79

Glossar

Annunaki – außerplanetarische Wesen
Aphrodisiakum – sexuelles Anregungsmittel
Arunachala – Berg des Lichts (in Südindien)
Astralleib – Sitz des Seelischen und der Erinnerung an frühere Wiedergeburten
Astralprojektion – außerkörperliche Erfahrung
Ätherleib – Träger der Lebensenergie
Brahma – schöpferische kosmische Kraft
Din-Gir – Befehlshaber der außergalaktischen Wesen
Dionysoskult – ekstatischer Kult aus dem Orient und dem alten Griechenland
›Der duftende Garten‹ – erotisches Handbuch der Mohamedaner
Energiezentren – Schaltstellen der Lebenskraft
Esoterik – geheimes Wissen
Genitalien – Geschlechtsorgane
›Kamasutra‹ – erotisches Handbuch der Inder
Karezza – vollkommene Entspannung vor dem sexuellen Höhepunkt
Karma – noch nicht bewältigte Konfliktsituationen
Krishna und Rama – indische Götter
Kundalini-Effekt – Aktivierung der Lebenskraft
Mausoleum – monumentales Bauwerk
Maya – Göttin der zauberhaften Illusion
Mayas – präkolumbianische indianische Zivilisation
Meridiane – Energiebahnen
Morphogenetisches Feld – das kosmische Gedächtnis, das auf ständige Wiederholungen aufgebaut ist
Mutterland ›Mu‹ – Lemurien
Nabi – Orden der Sufis, der schamanische Züge in sich trägt
Naga – Schlange
Nagas – die Gründer des ersten indischen Großreiches
Nagi – Seele
Naguals – magische Geheimgesellschaft

Neith – Göttin des Wissens und aller Wissenschaften
Nibiru – Planet der sumerischen Götter
Nymphen – Priesterinnen des Dionysoskultes
Pan – griechischer Hirten- und Fruchtbarkeitsgott
Puranas – südindische heilige Schriften
Schamane – der mit den Geistern in Verbindung steht
Schamanismus – Naturreligion
Schumer – Sumerer oder das Land der Wächter
Sexualenergie – Energie über die sexuelle Vereinigung
Sexualität – Geschlechtlichkeit
Spiralenergie (Kundalini) – latente Bioenergie
Sramana oder Samana – Schamane
Sublimieren – verfeinern
Surya Siddhanta – altindische astronomische Abhandlung
Tabula Smaragdina – das Testament des atlantischen Hohenpriesters
   Toth
Tantra – Selbstfindung durch Einbeziehung der Sexualität
Tao – Weisheitslehre aus dem alten China
Valmiki – indischer Weiser (3000 v. Chr.)
Wikasa-Wakan – Schamane oder Medizinmann der Sioux
Yantras und Mandalas – Informationsspeicherung der alten Hindus
Yin und Yang – Weibliche und männliche Energie aus dem Tao –
   Erde und Himmel
Zyklopisch – enorm, wuchtig und riesig

Literaturhinweise

Oskar Hodosi: Yoga – Der Schrei nach Leben, Herder Verlag
Oskar Hodosi: Tantra – Partnerschaft, Mosaik Verlag
Oskar Hodosi: Die sieben Maharani,, Heyne Verlag
Oskar Hodosi: Feuer im Herzen, Orac Verlag

Im Trommelschlag des Schamanen

aus dem sagenumwobenen Atlantis und dem Lande »Mu«

Oskar Hodosi und seine Partnerin Michaela Trpin veranstalten regelmäßig Seminare zu

Nagualismus und Schamanismus
Tantra – Yoga
Klassisches Yoga

Informationen über diese Seminare und das Ausbildungszentrum in Italien erhalten Sie unter folgenden Adressen:

Frankreich:
Rainer Gerecke
3, rue de la paix
68128 Rosenau

Deutschland:
Markus Batsch
Bonnerstraße 98 d
53501 Grafschaft

Schweiz:
Rene Moor
Rütiweg 6
4802 Strengelbach

Österreich: *Michaela Trpin / Oskar Hodosi, Lacknergasse 35/24 – 1170 Wien*

Anne und Daniel Meurois-Givaudan

*»Ich habe Euch nur
ein Gesetz zu
verkünden: dasjenige
Eures Herzens…«*

*aus:
Vom Geist der Sonne*

Essener Erinnerungen
*Eine Rückbesinnung auf die
Wurzeln des Jesus von Nazereth*
08/9620

Der Weg der Essener
08/9646

Vom Geist der Sonne
*Die Friedensbotschaft der
Lichtgestalt aus Damaskus*
08/9674

H e y n e - T a s c h e n b ü c h e r

Norman Vincent Peale

*Positive Gedanken
für jeden Tag*

Heyne-Taschenbücher